T0056740

MINDFUL MAZES
ADULT COLORING BOOK

Marty Noble's

mandalas

Copyright © 2016 by Marty Noble

All rights reserved. No part of this book may be reproduced in any manner without the express written consent of the publisher, except in the case of brief excerpts in critical reviews or articles. All inquiries should be addressed to Racehorse Publishing, 307 West 36th Street, 11th Floor, New York, NY 10018.

Racehorse Publishing books may be purchased in bulk at special discounts for sales promotion, corporate gifts, fund-raising, or educational purposes. Special editions can also be created to specifications. For details, contact the Special Sales Department, Skyhorse Publishing, 307 West 36th Street, 11th Floor, New York, NY 10018 or info@skyhorsepublishing.com.

Racehorse Publishing™ is a pending trademark of Skyhorse Publishing, Inc.®, a Delaware corporation.

Visit our website at www.skyhorsepublishing.com.

10 9 8 7 6 5 4

Cover design by Brian Peterson
Cover illustration by Marty Noble

ISBN: 978-1-944686-20-8

Printed in the United States of America

MINDFUL MAZES
ADULT COLORING BOOK

Marty Noble's mandalas

48 Engaging Mazes That Will Challenge Your Creativity and Wisdom!

MARTY NOBLE

Racehorse Publishing

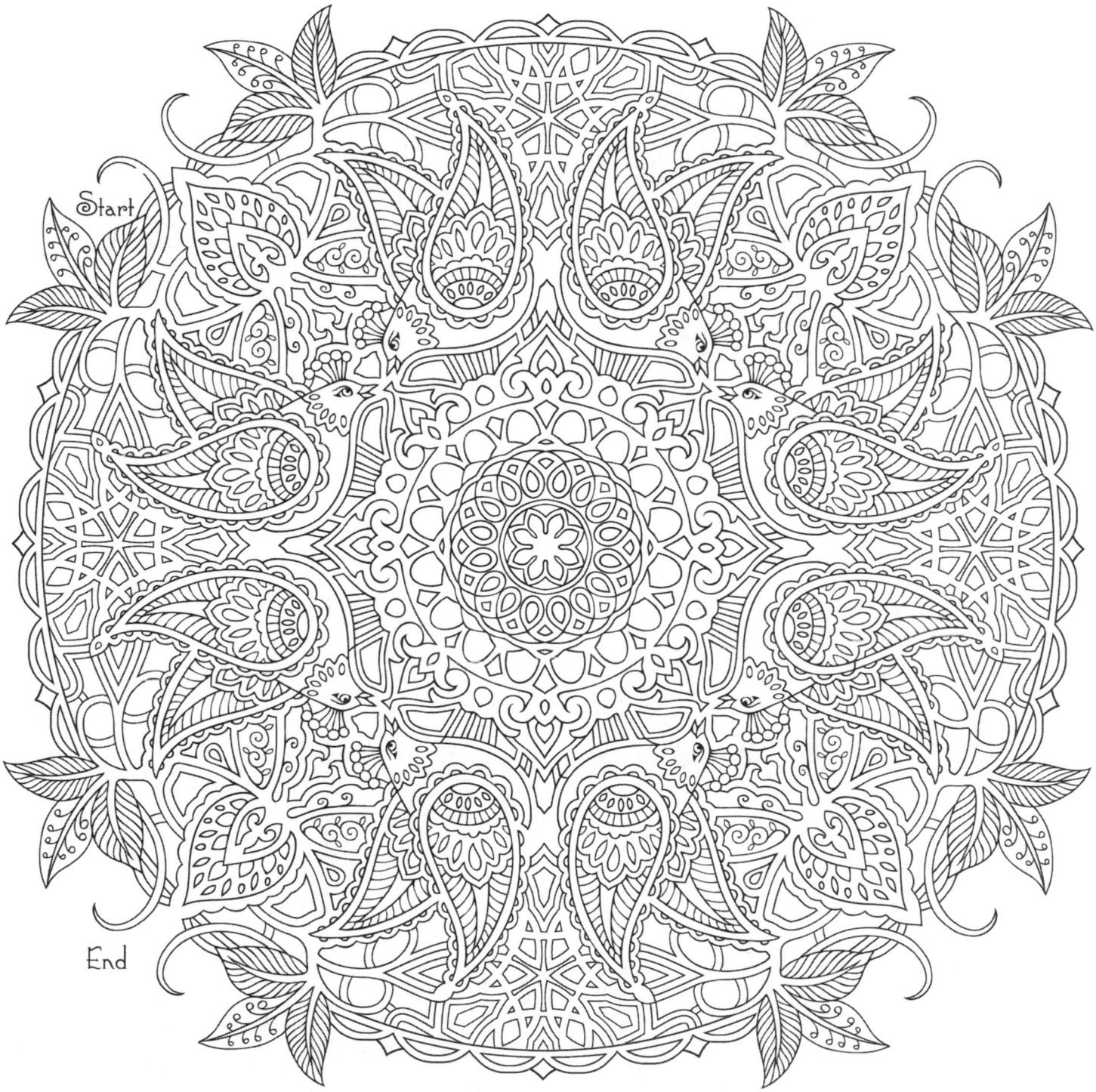
Start
End

← 1

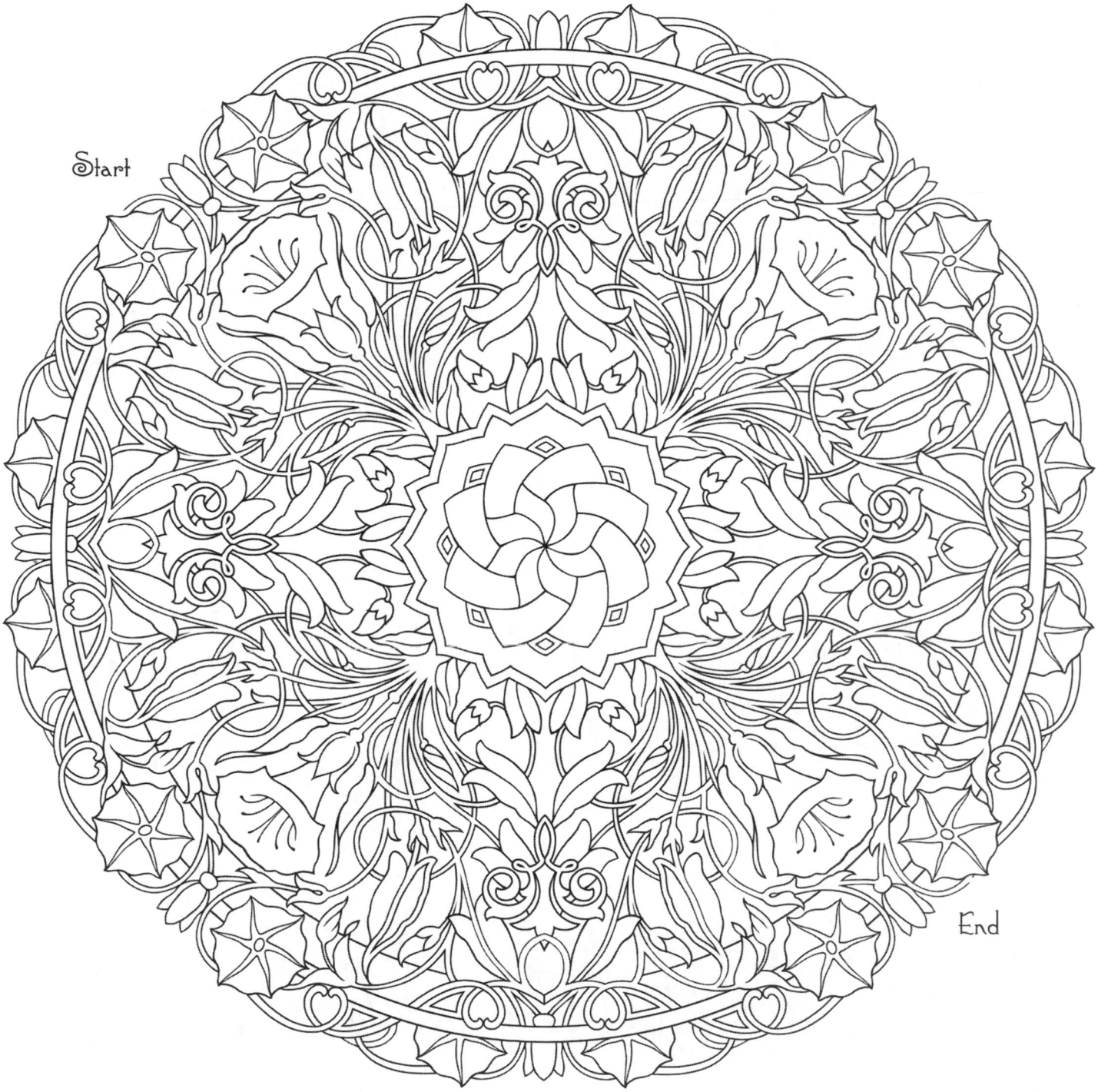
Start
End

← 2

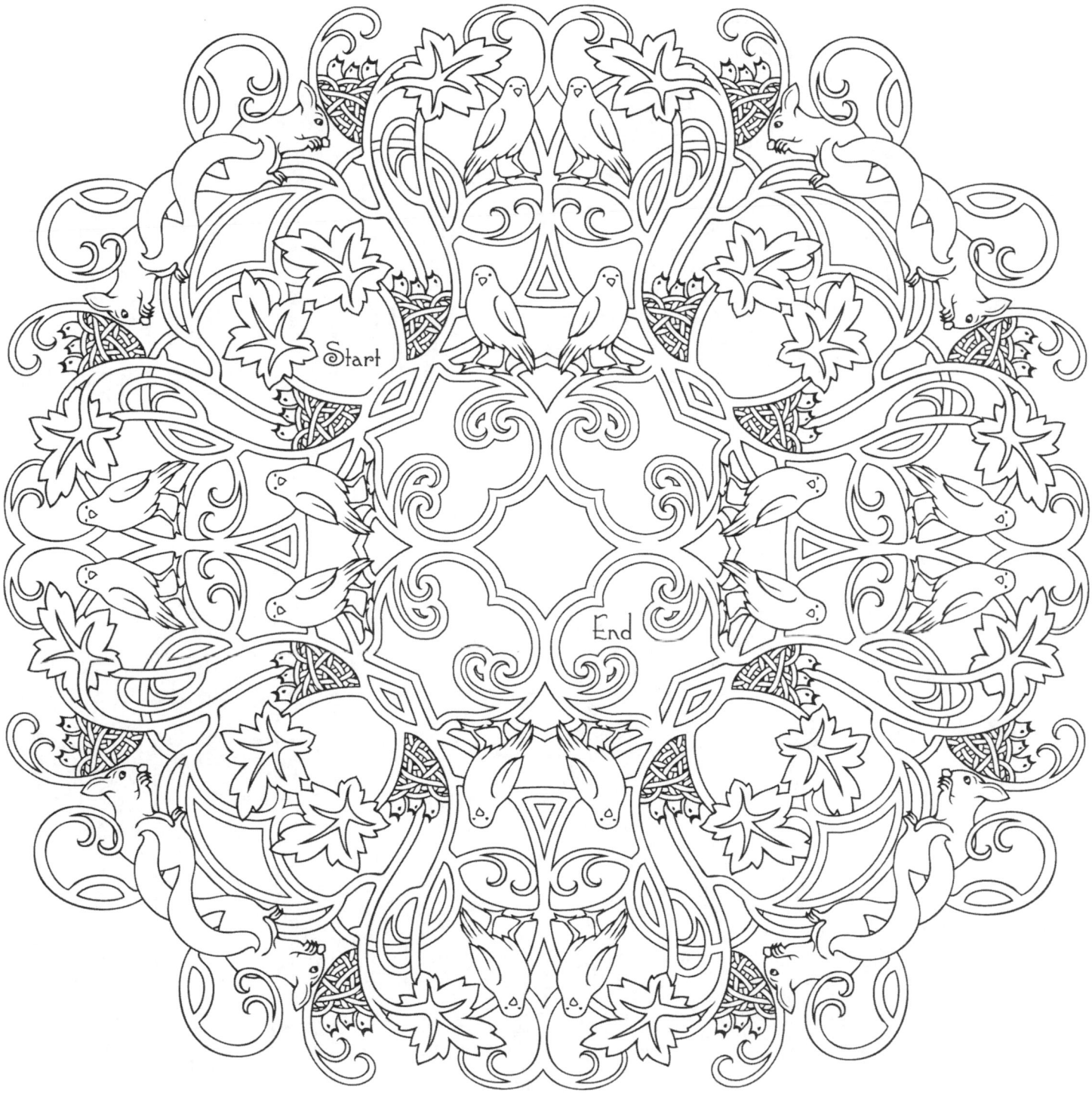
Start
End

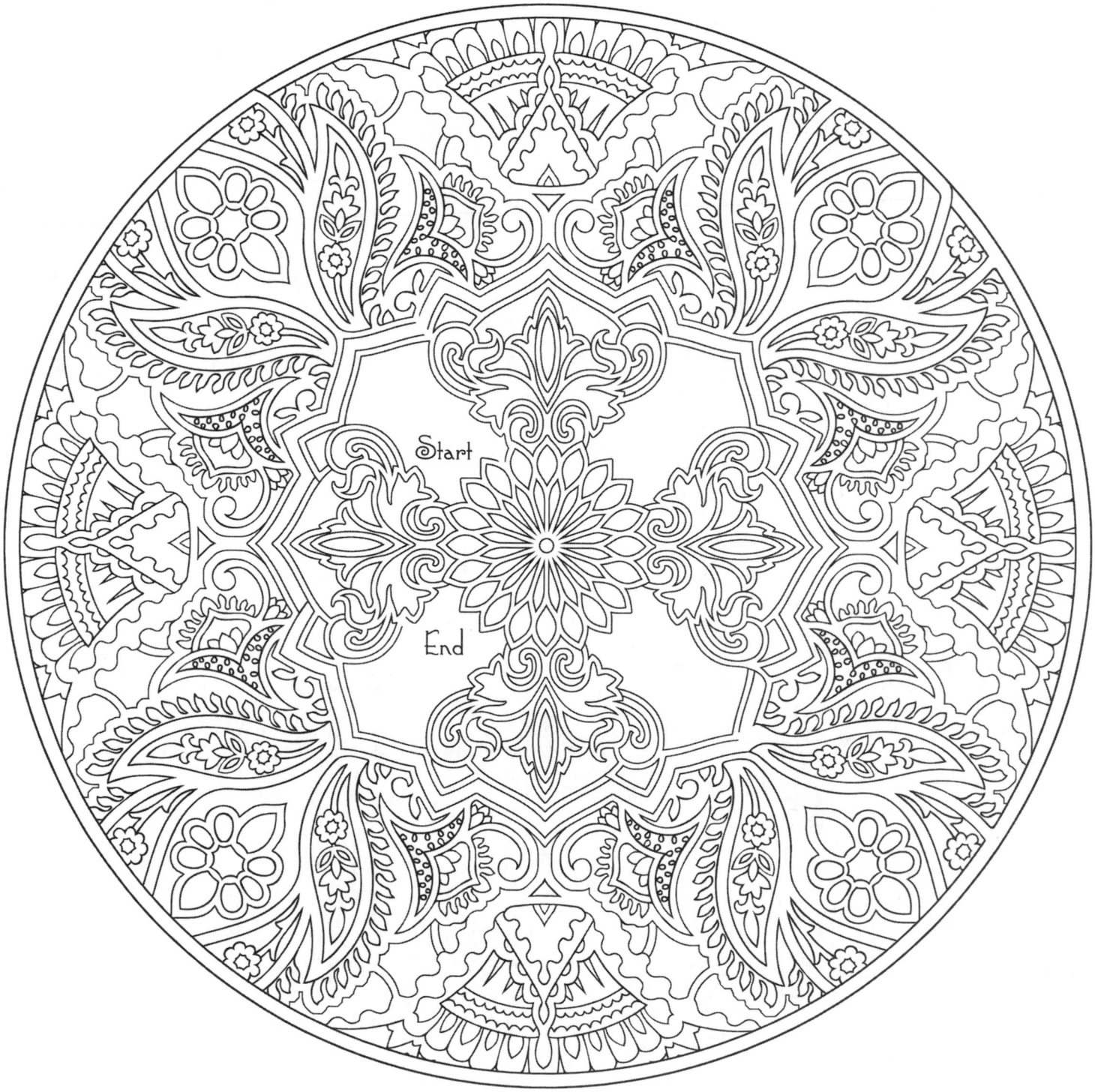
Start
End

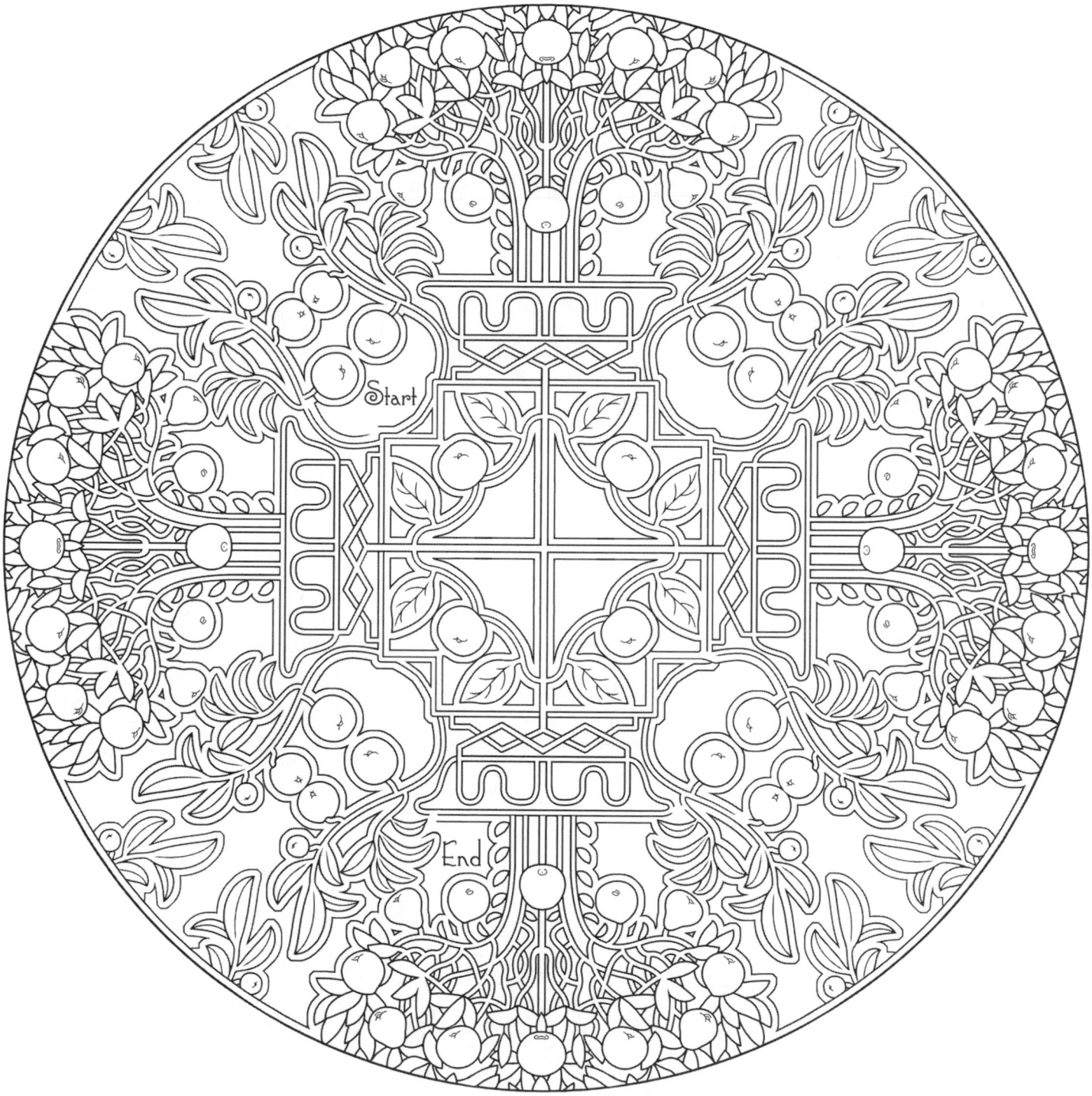
Start
End

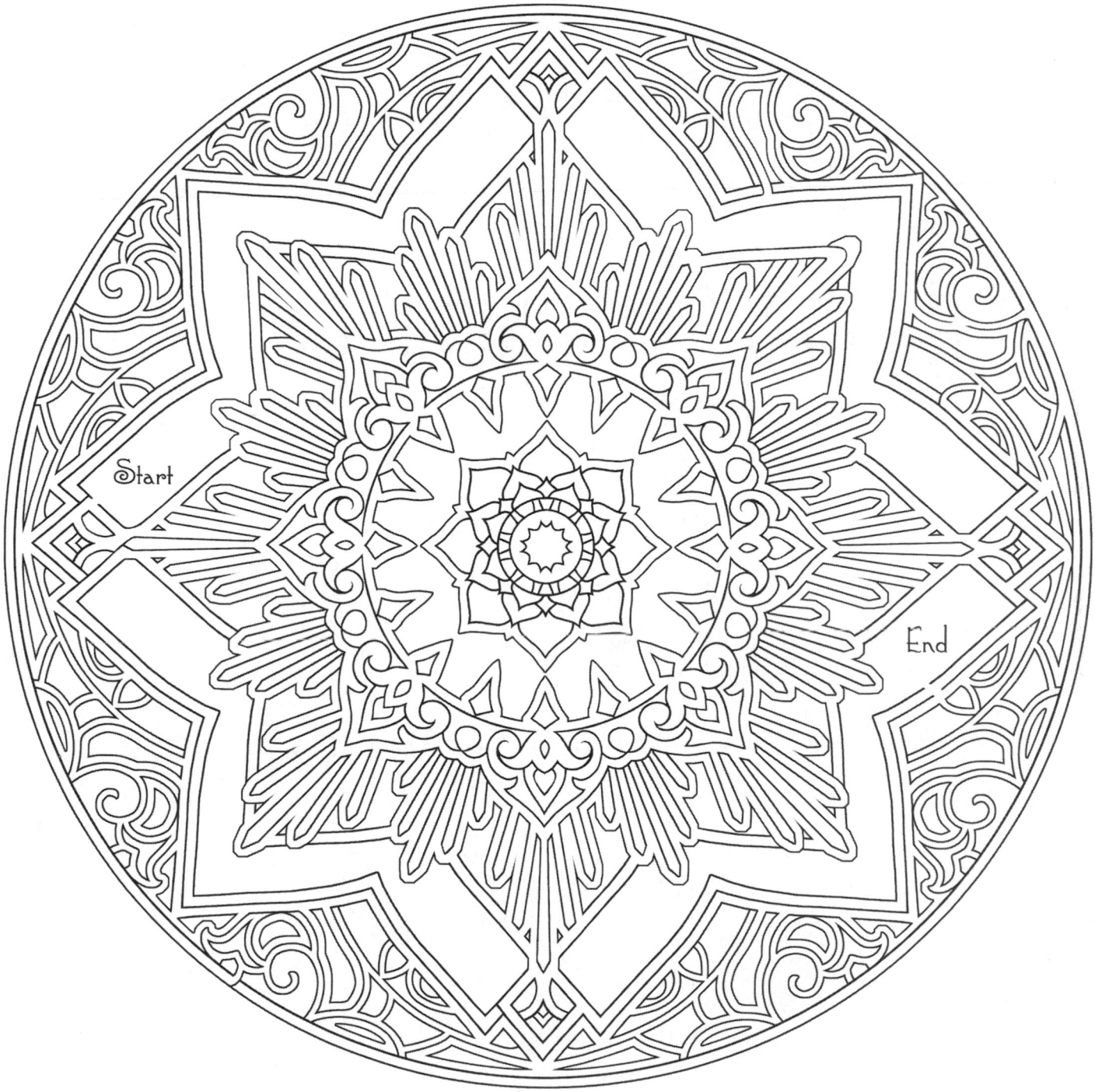
Start
End

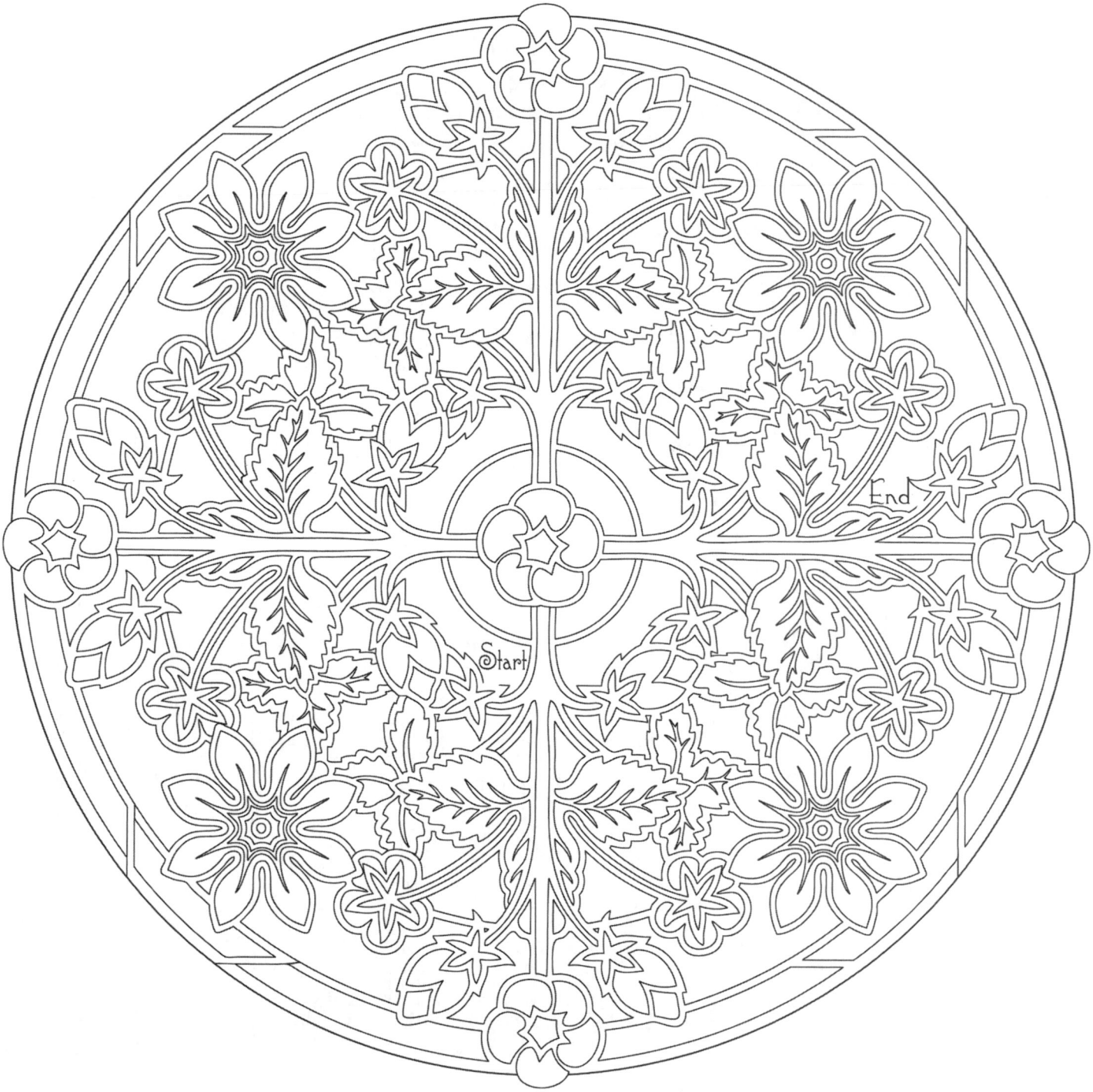
End
Start

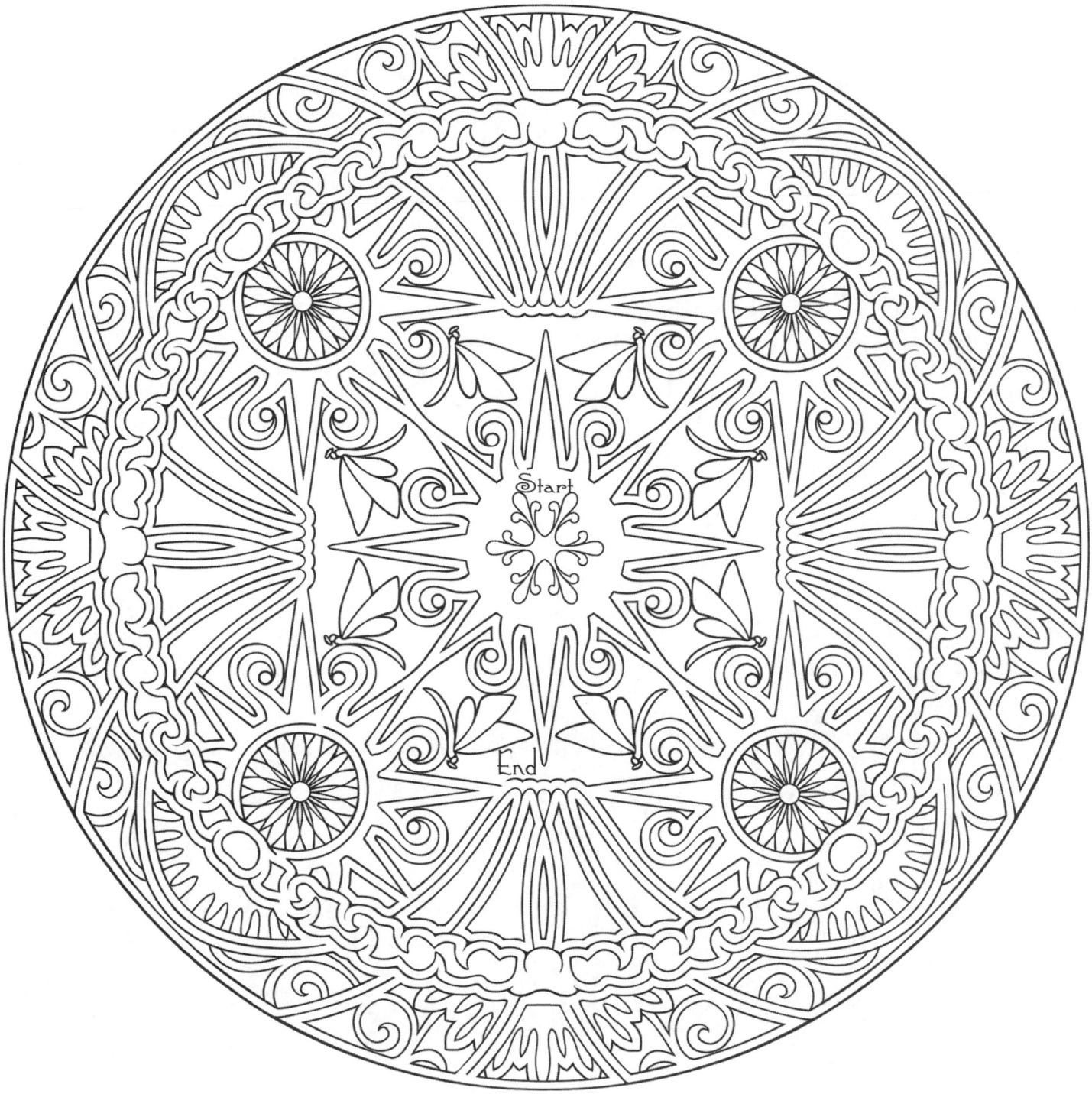
Start
End

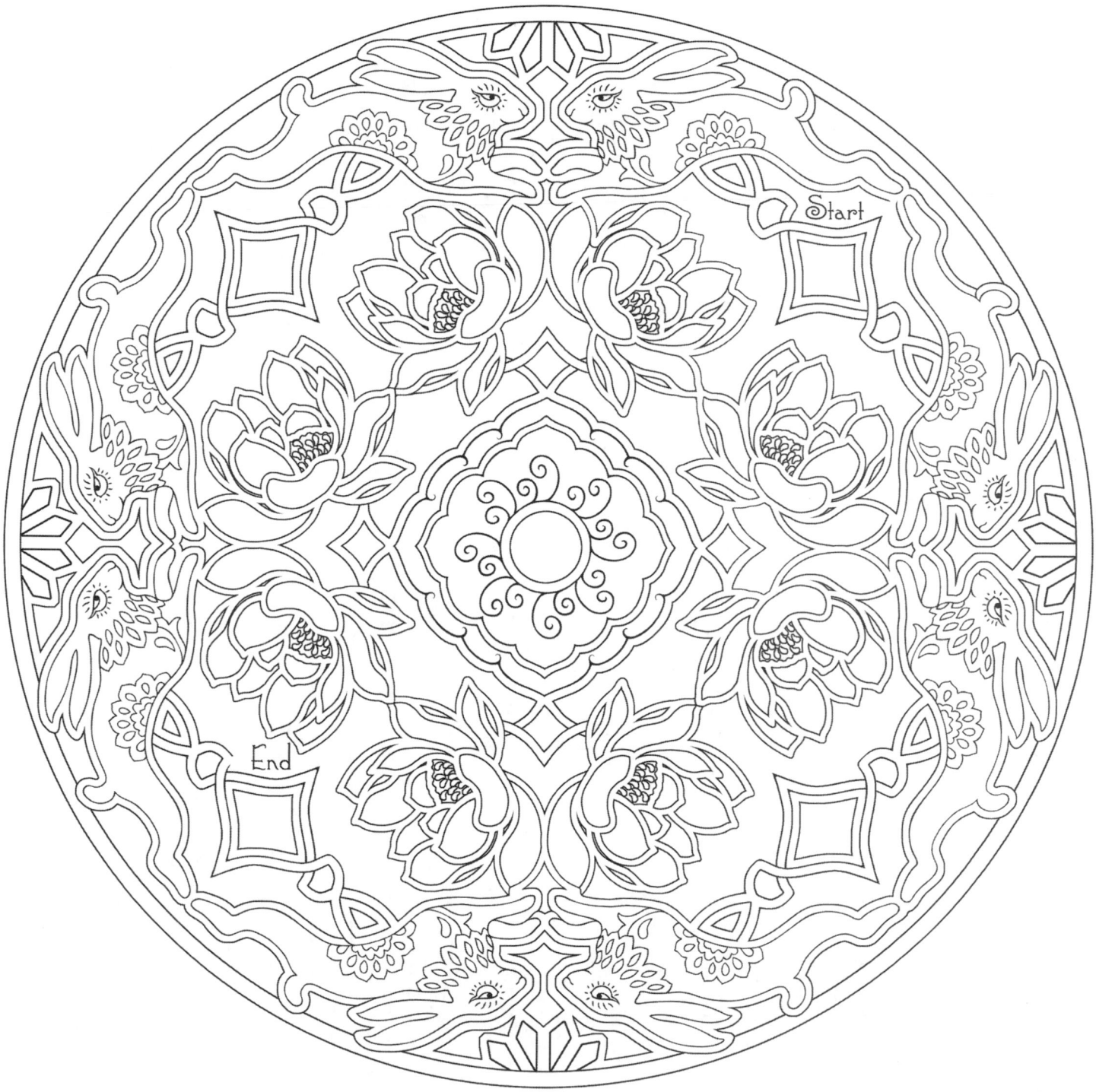
Start
End

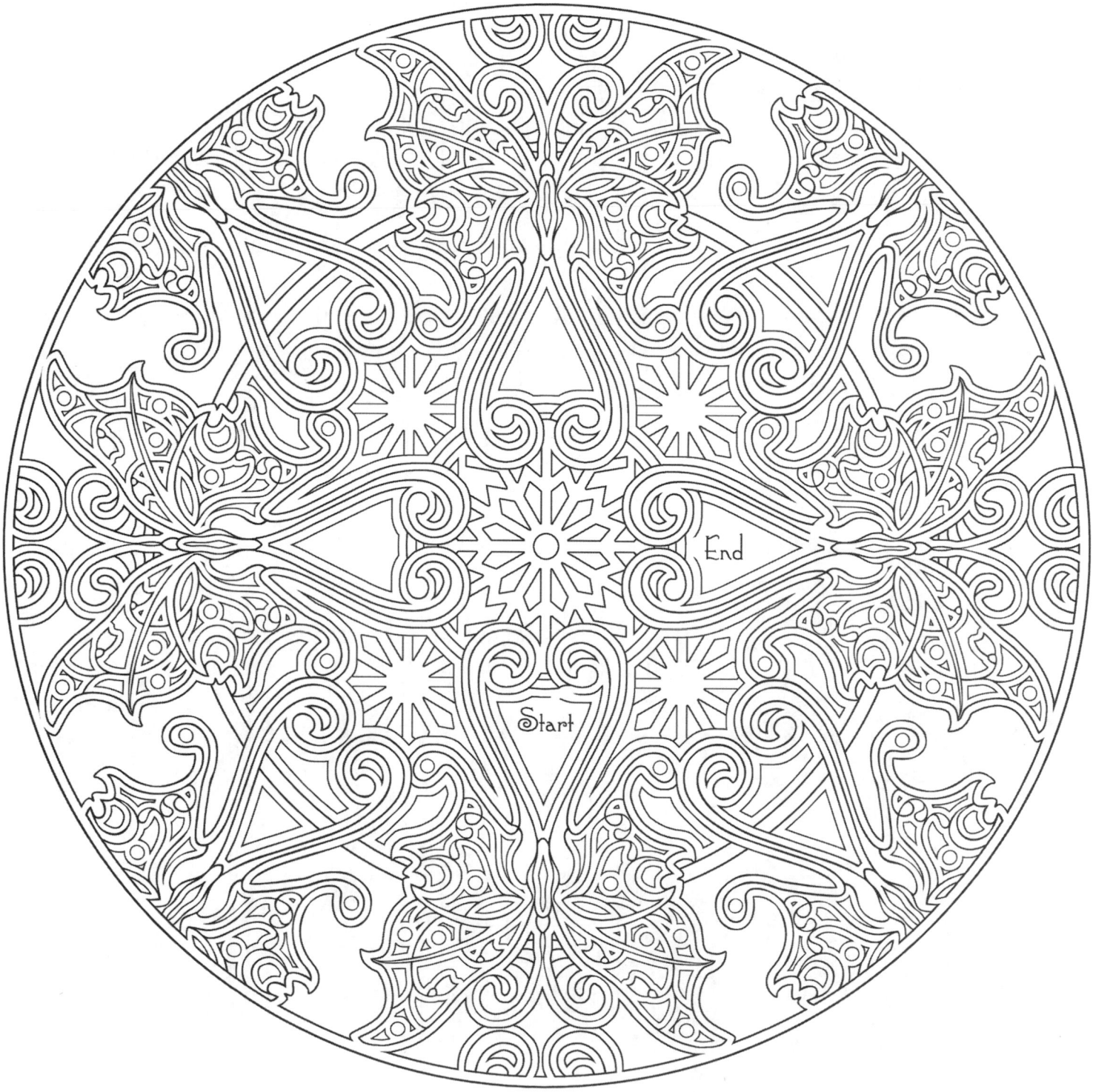
End
Start

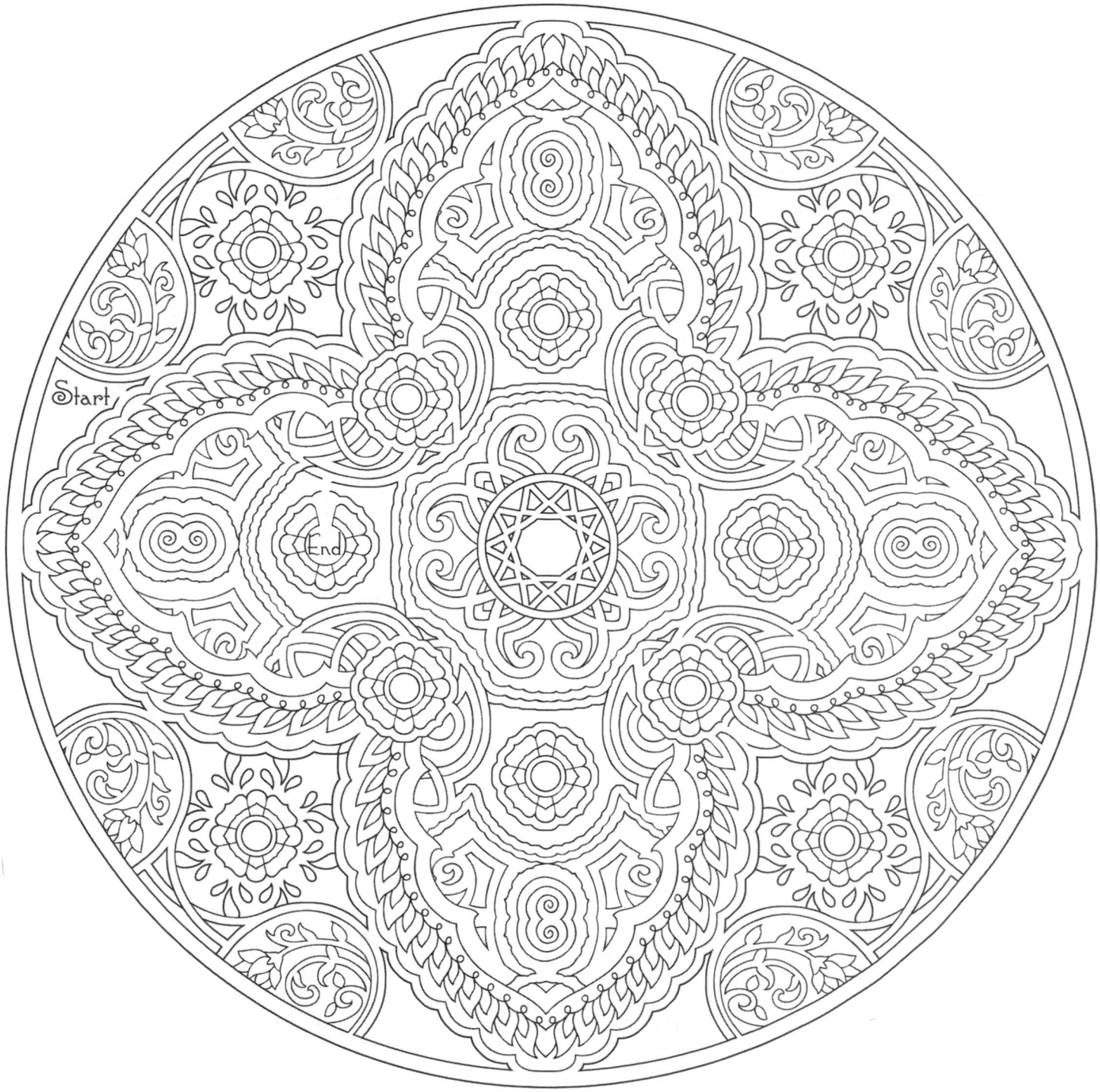
Start
End

End
Start

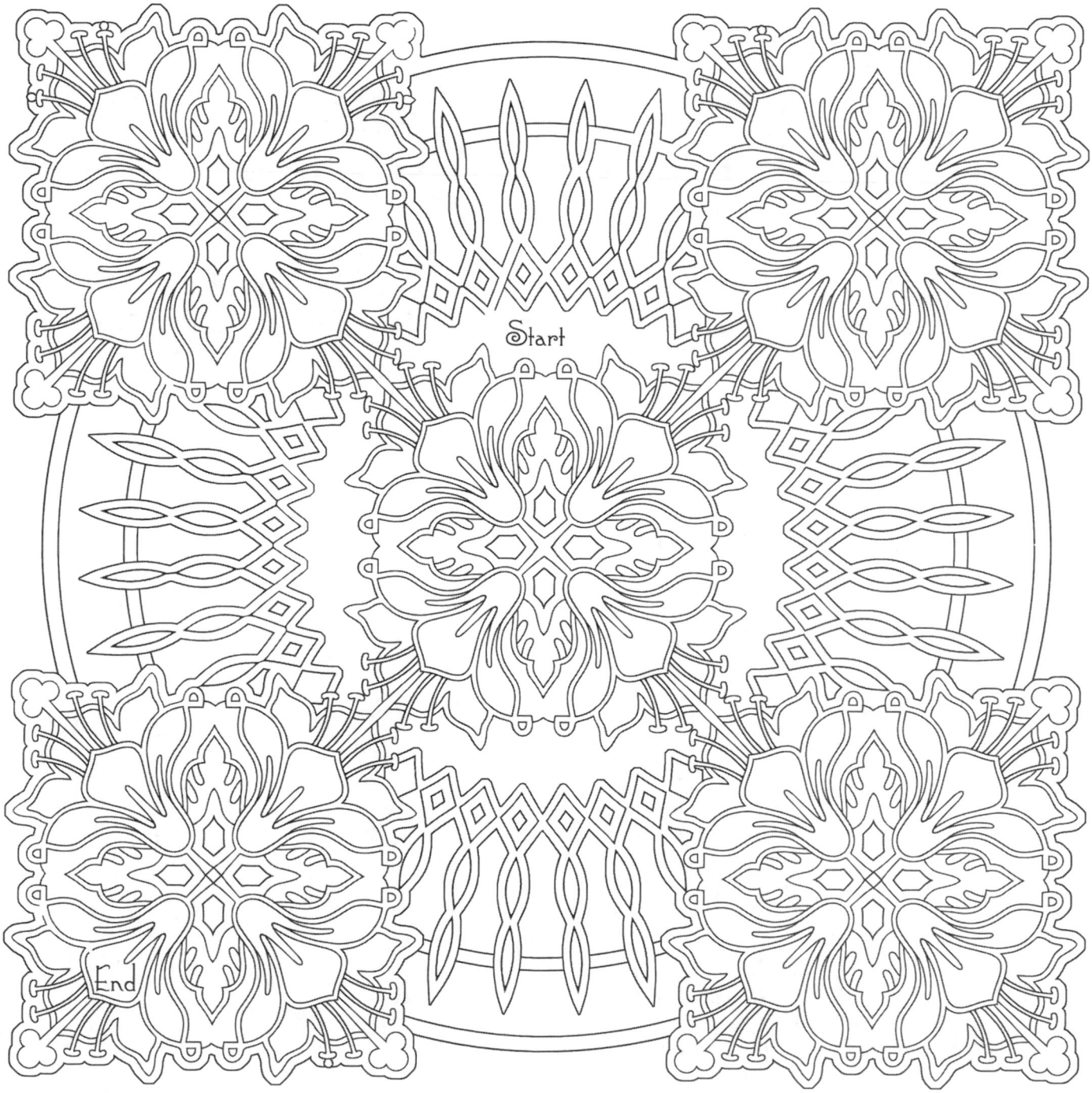
Start
End

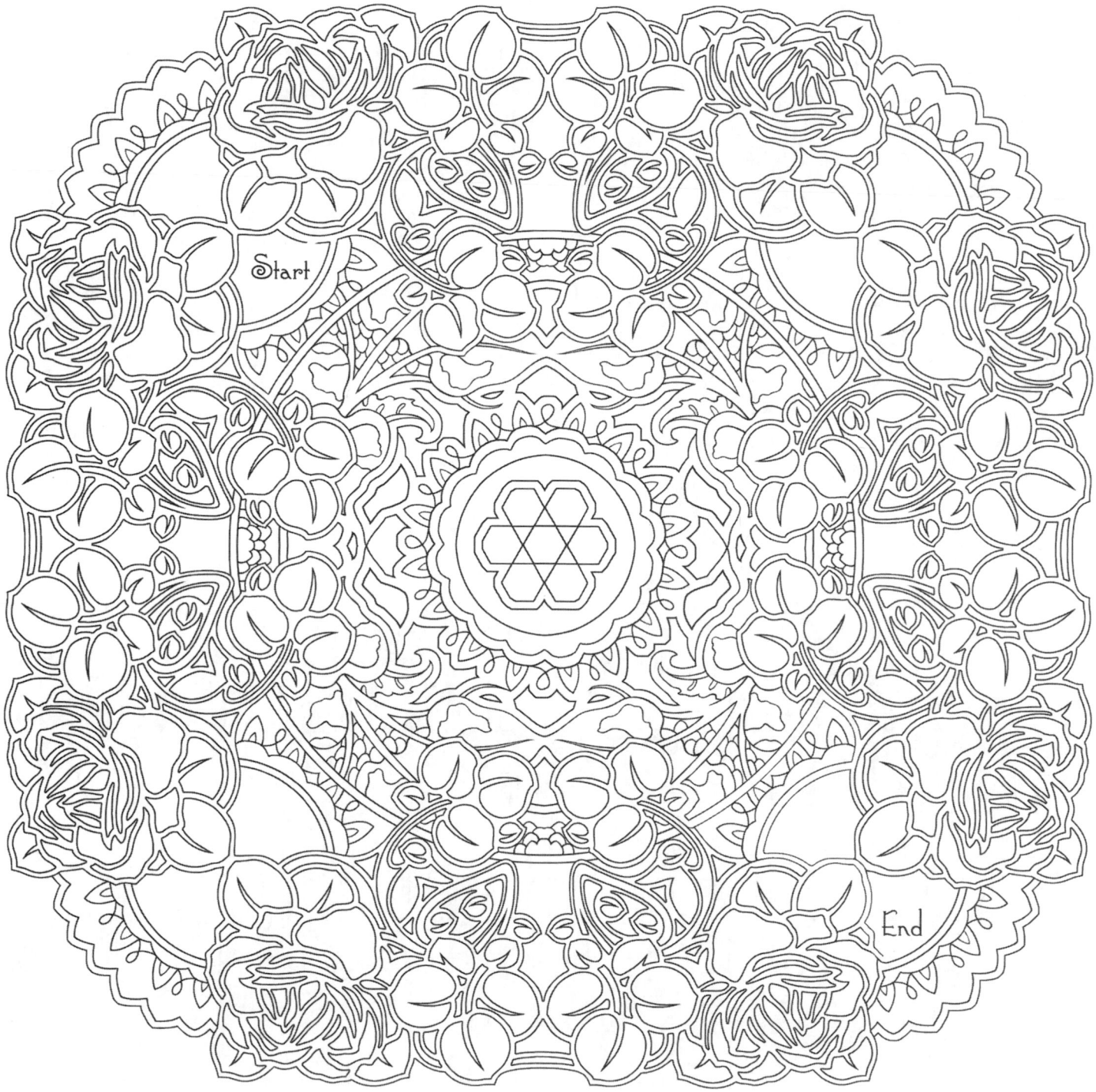
Start
End

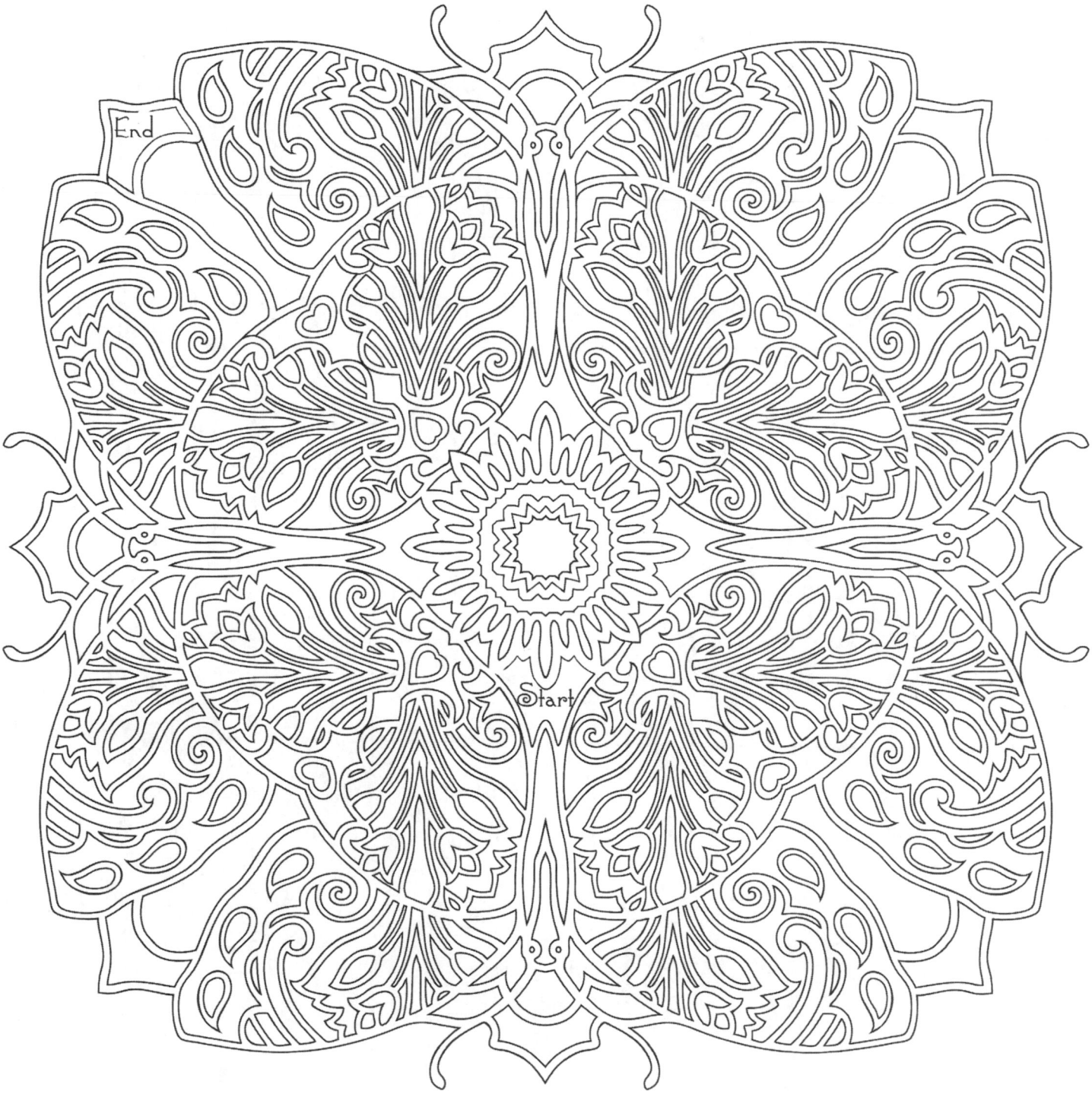
End
Start

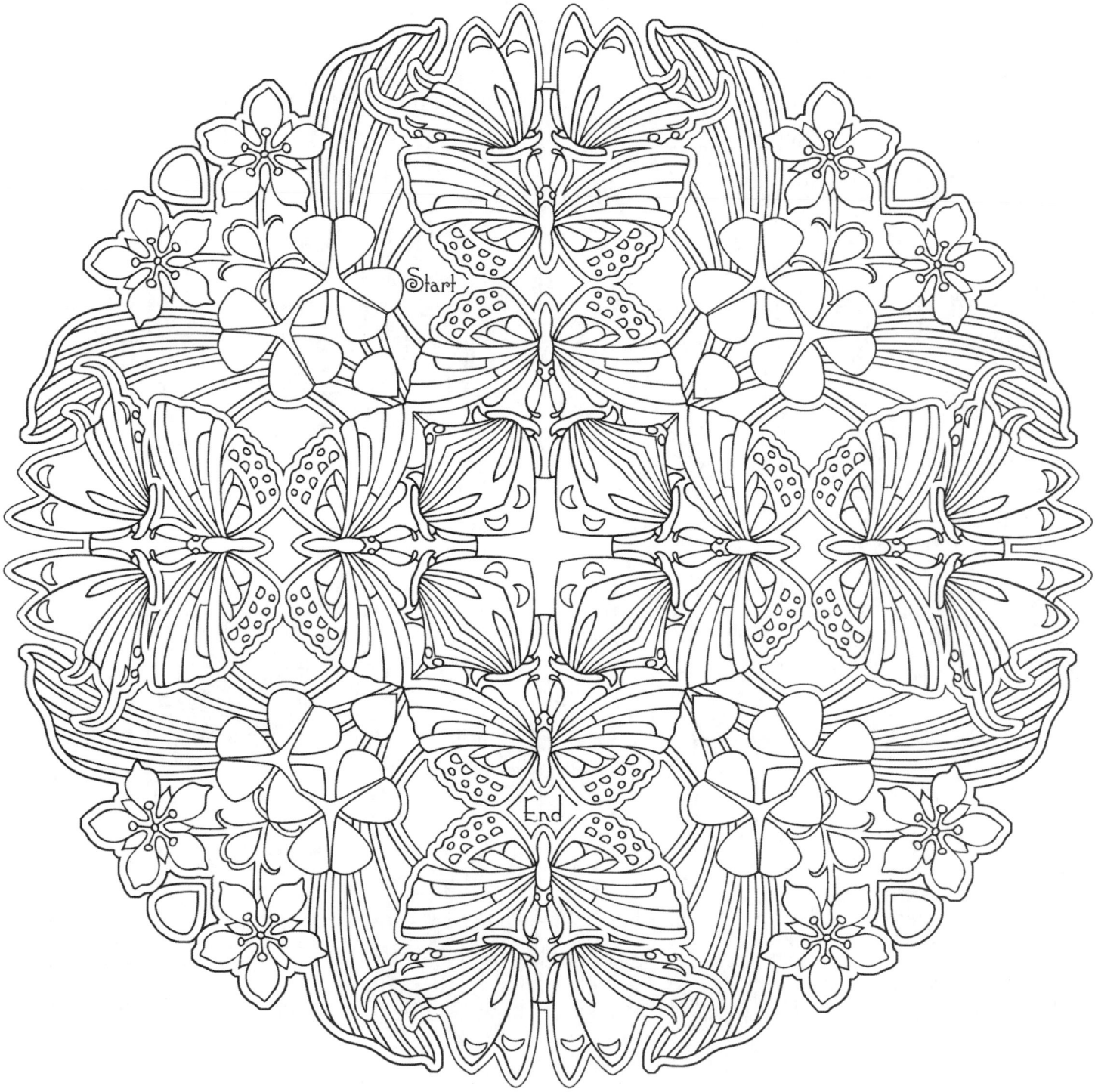
Start
End

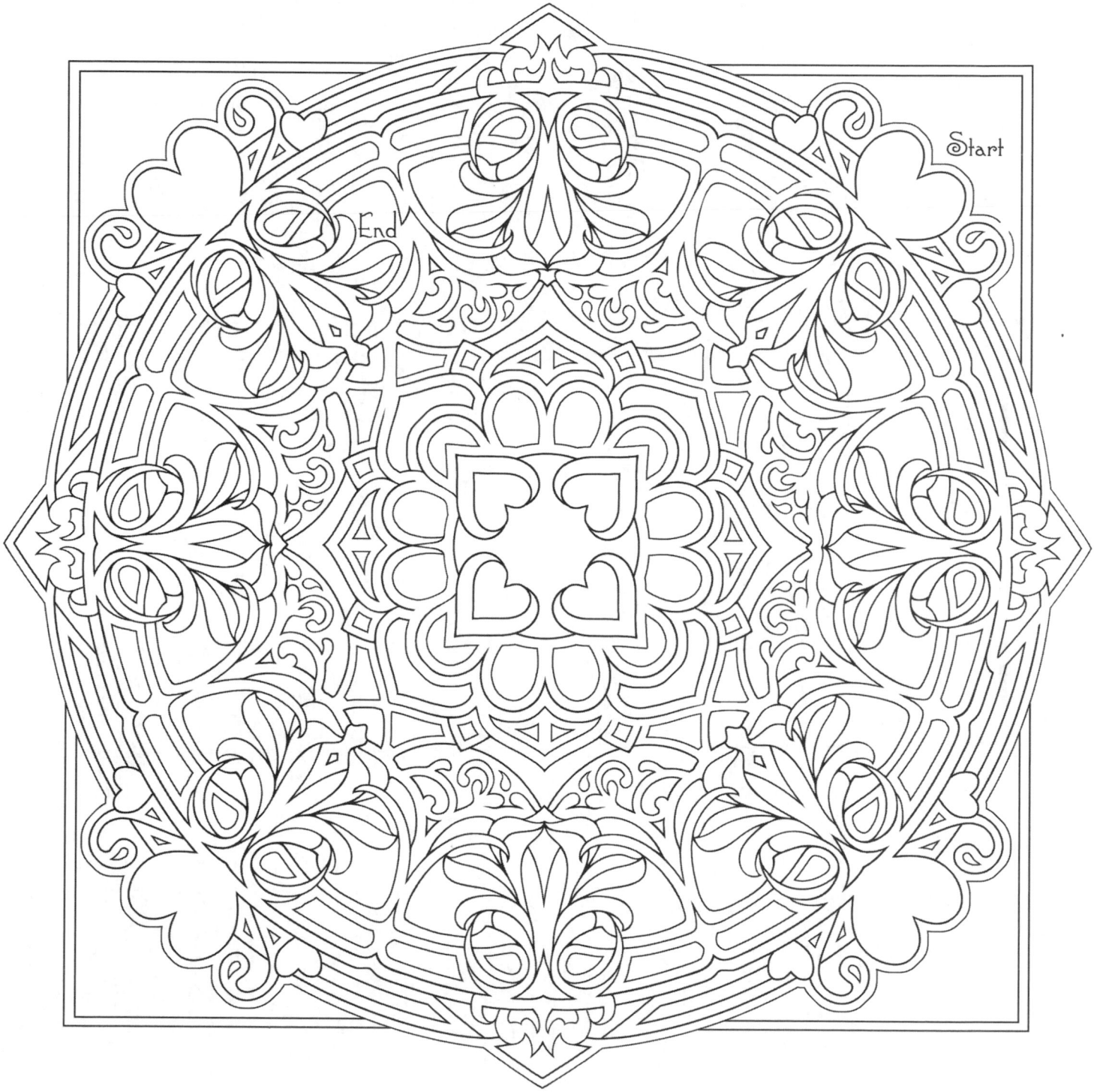
Start
End

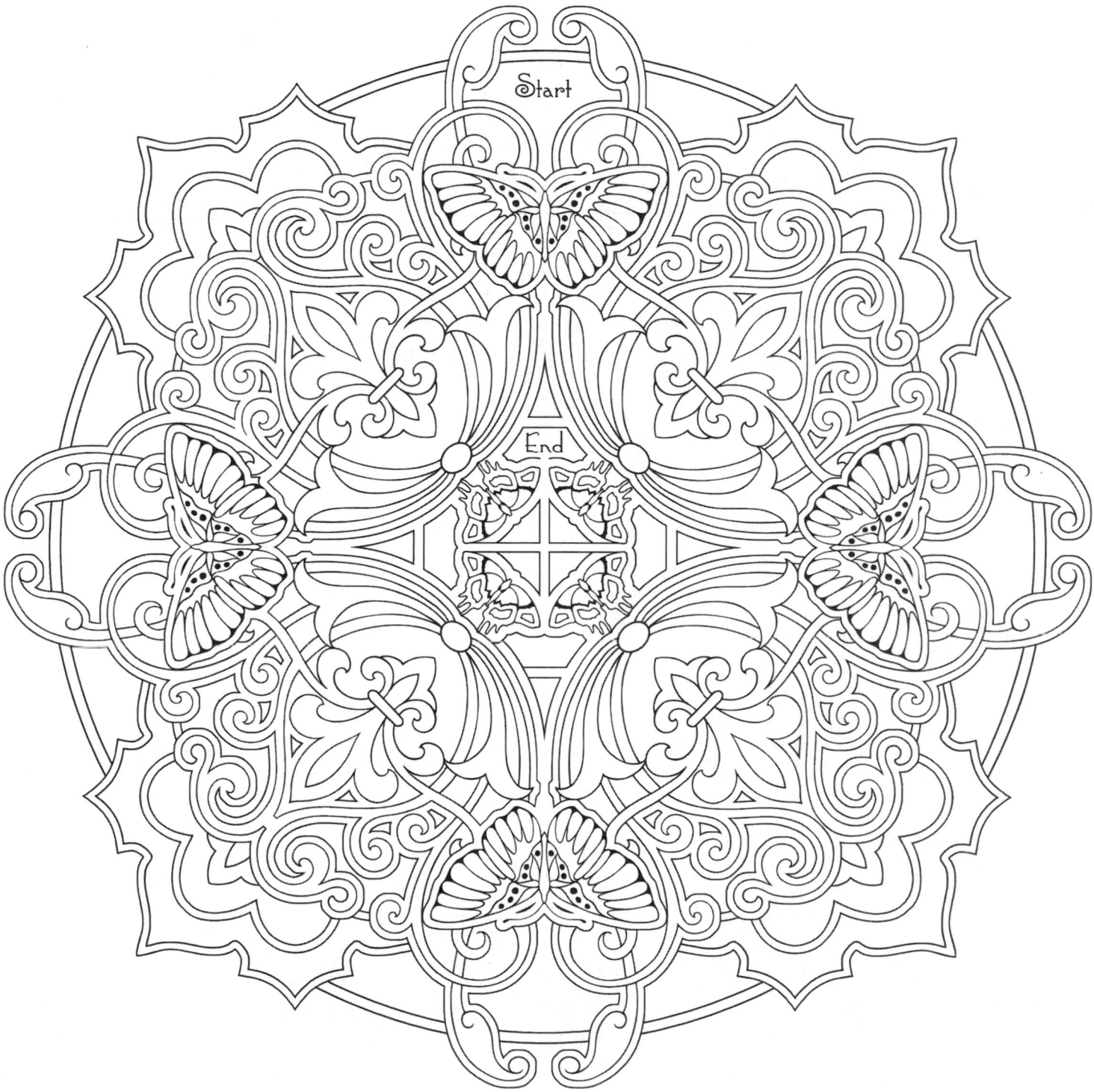
Start
End

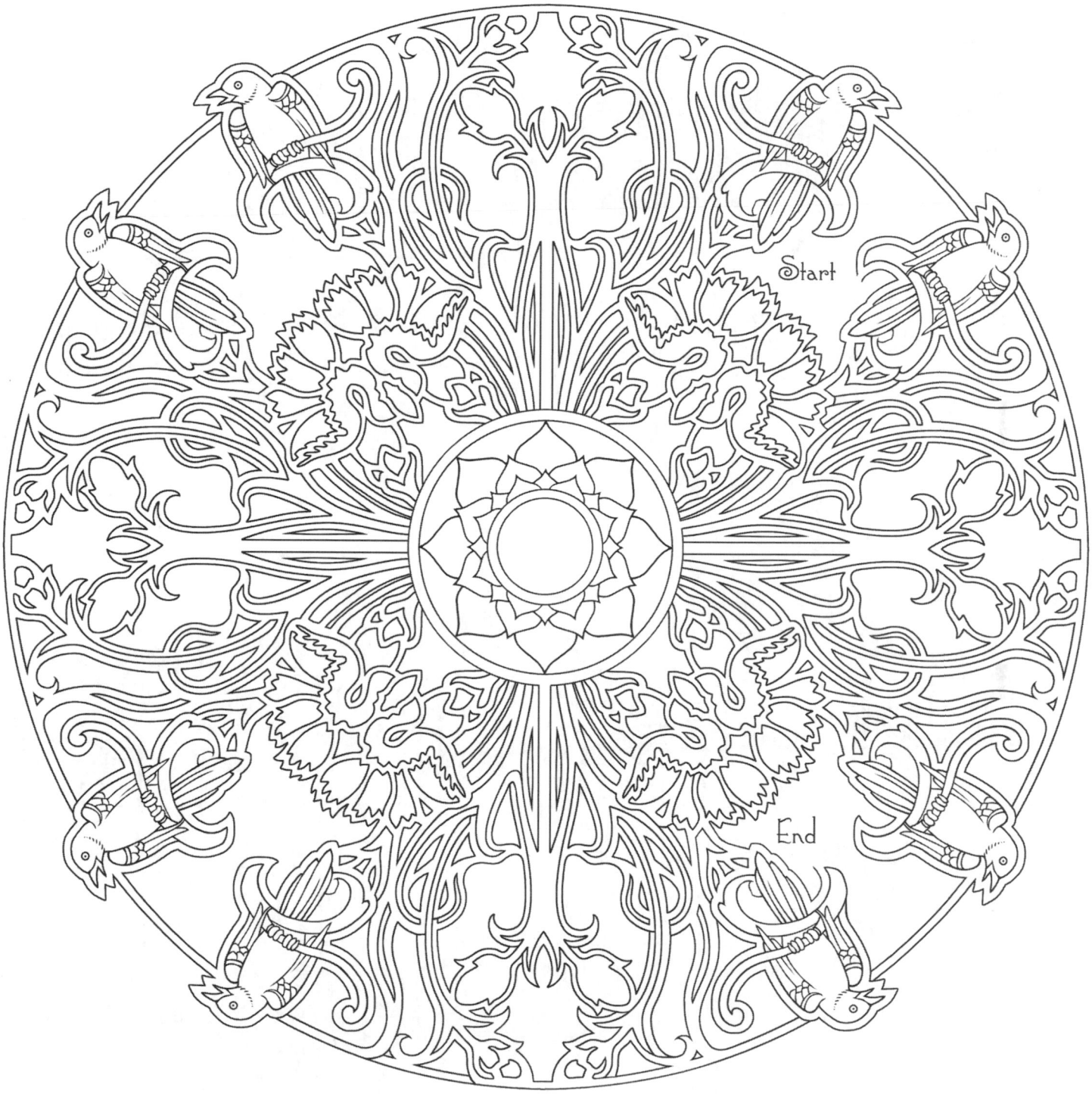
Start
End

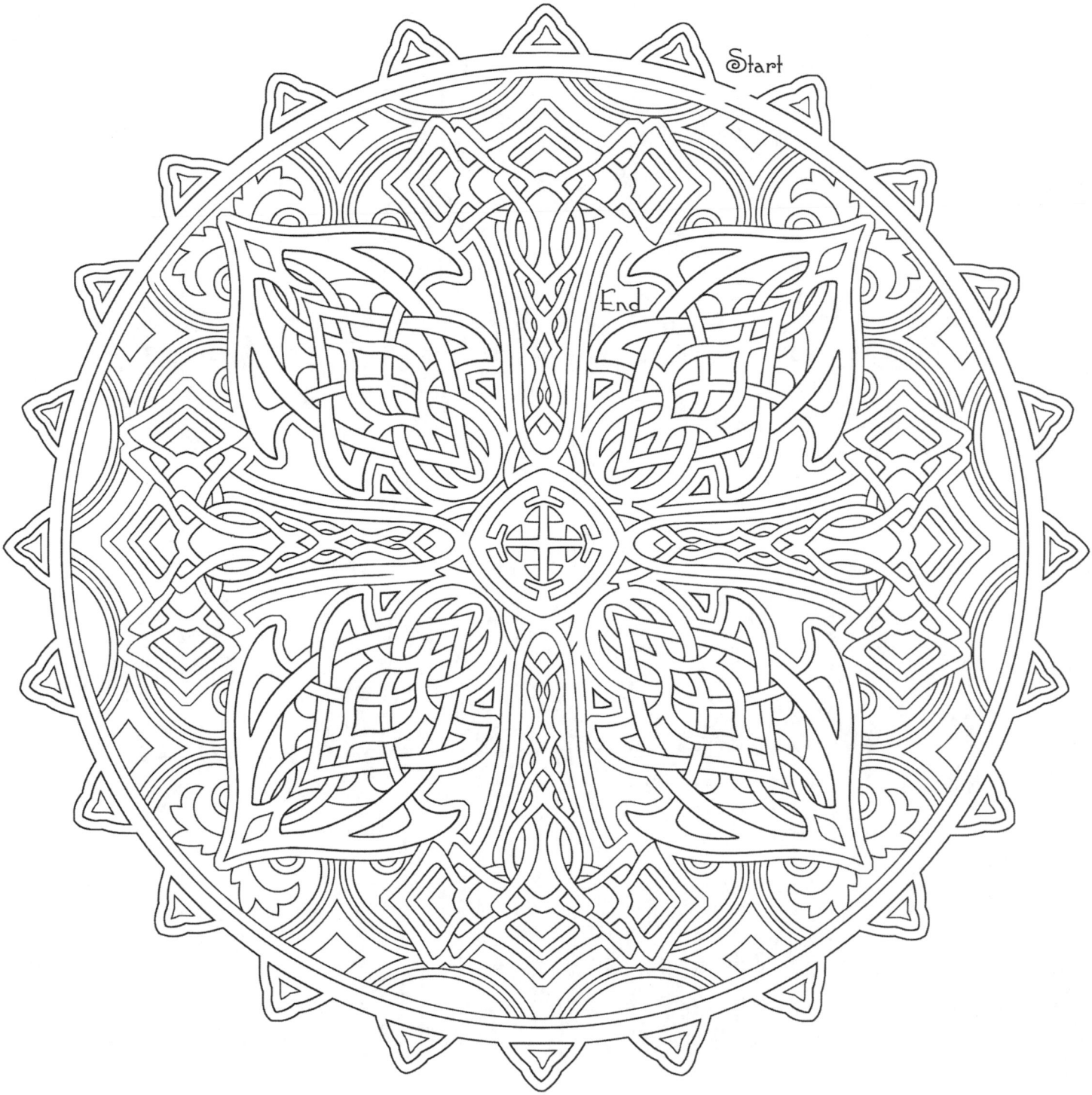
Start
End

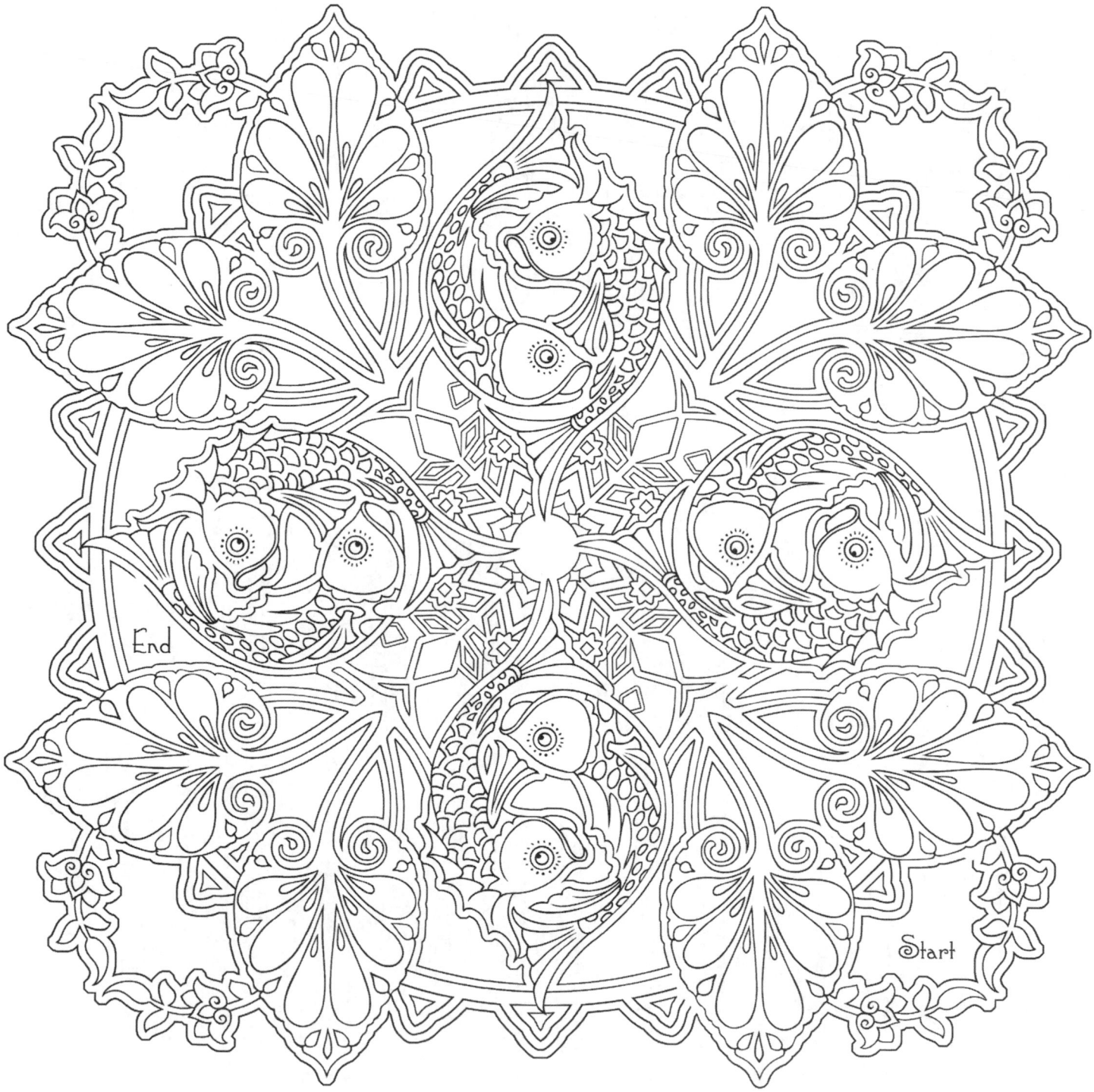
End
Start

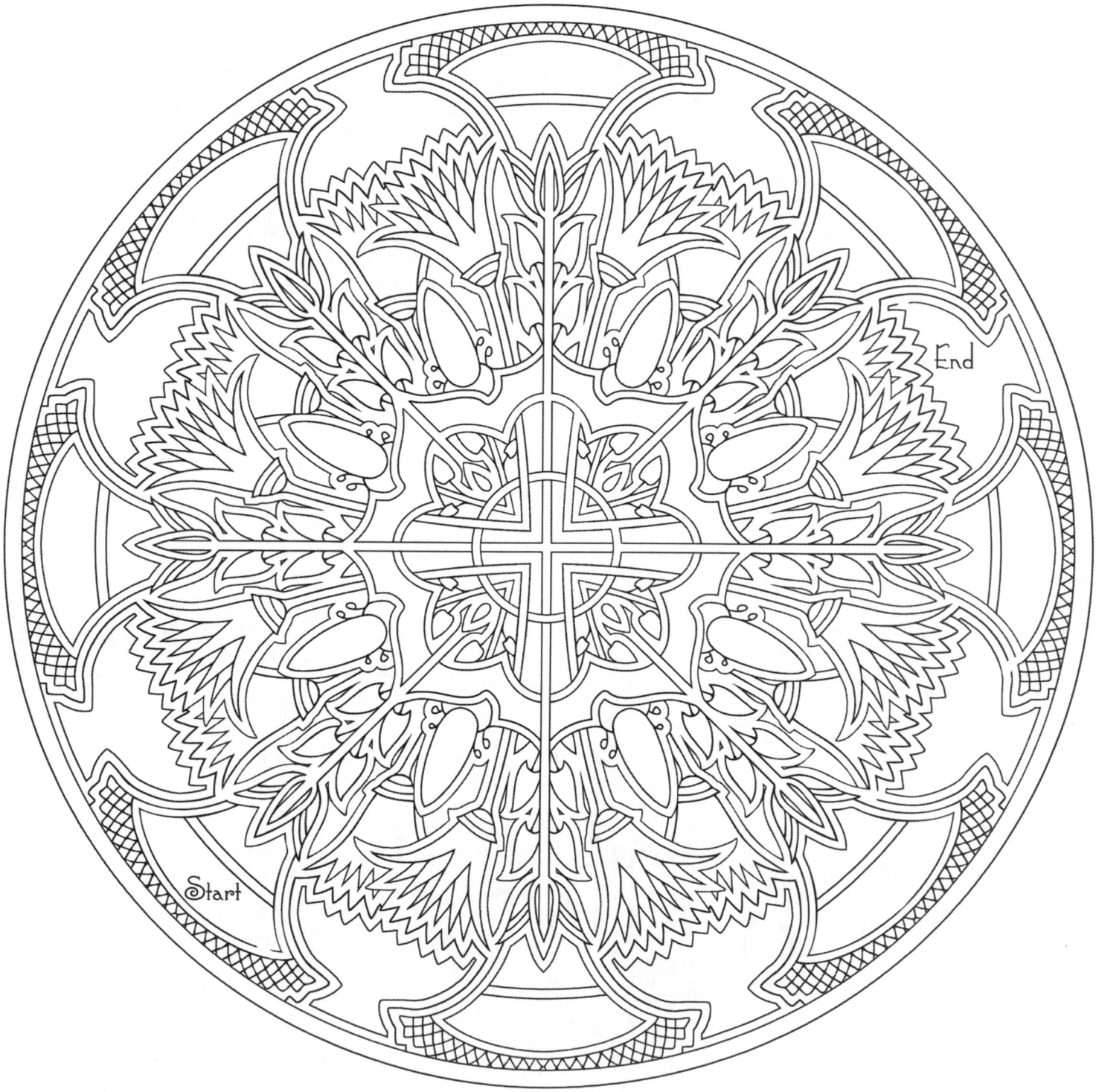
End
Start

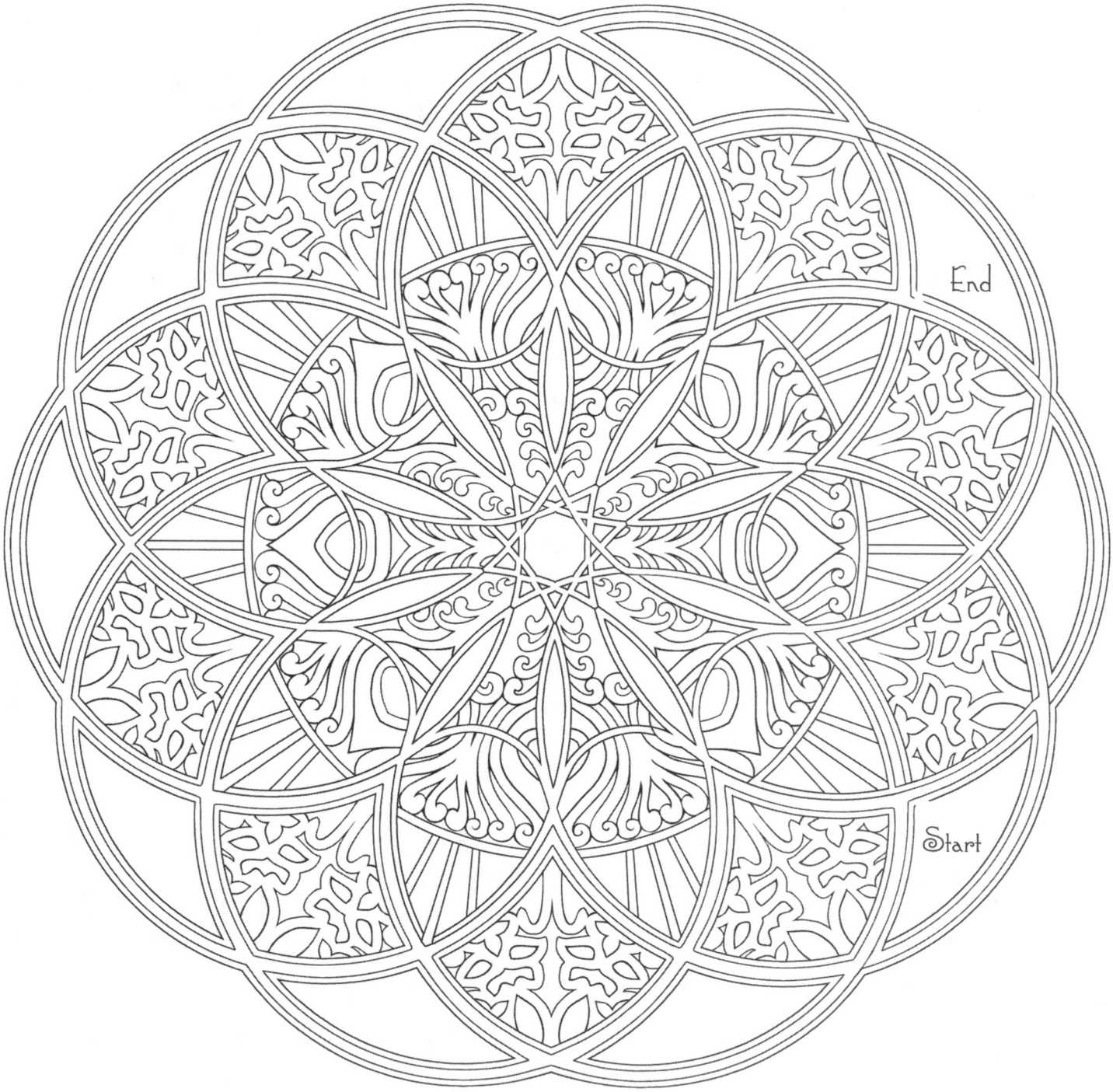
End
Start

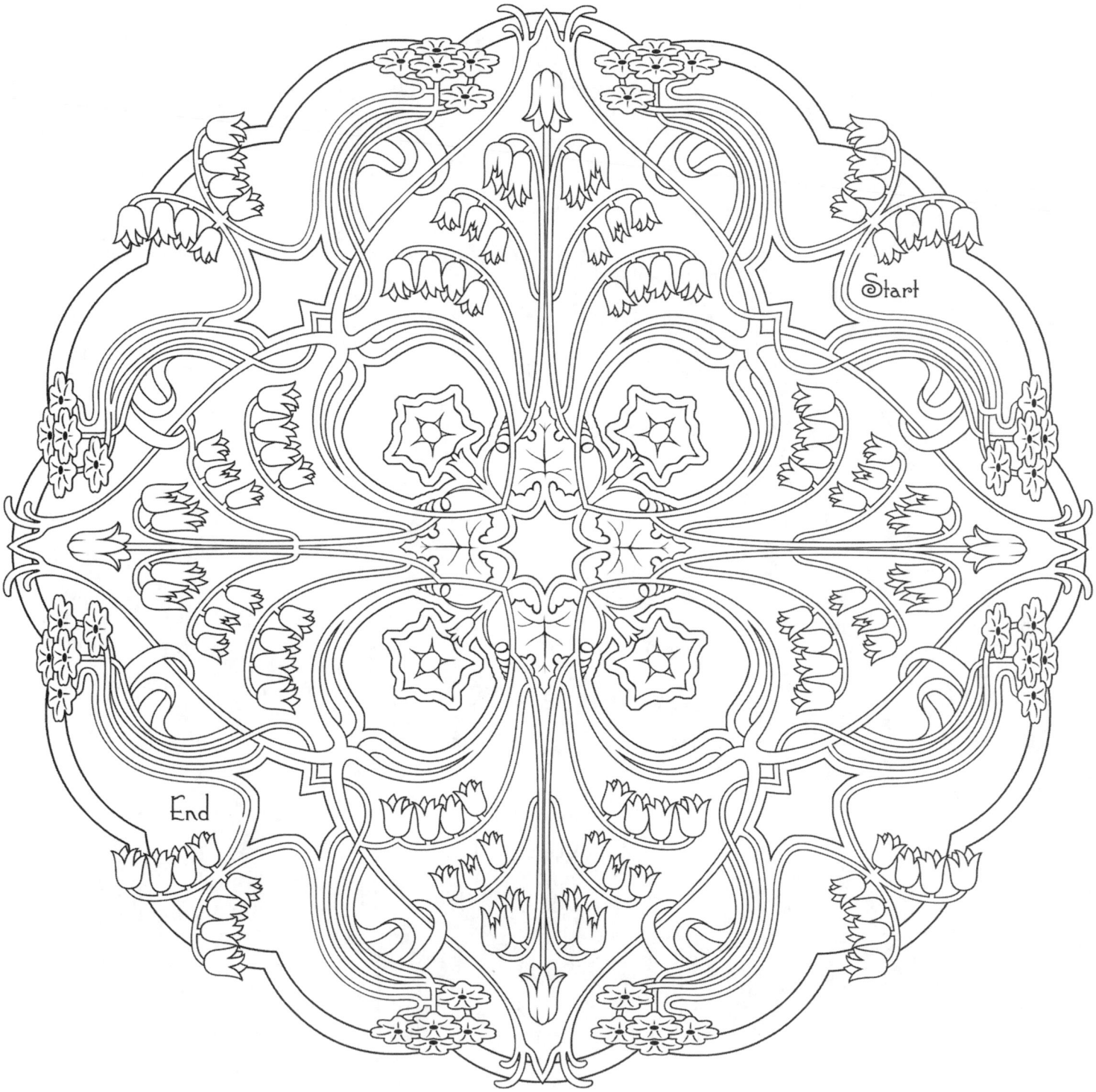
Start
End

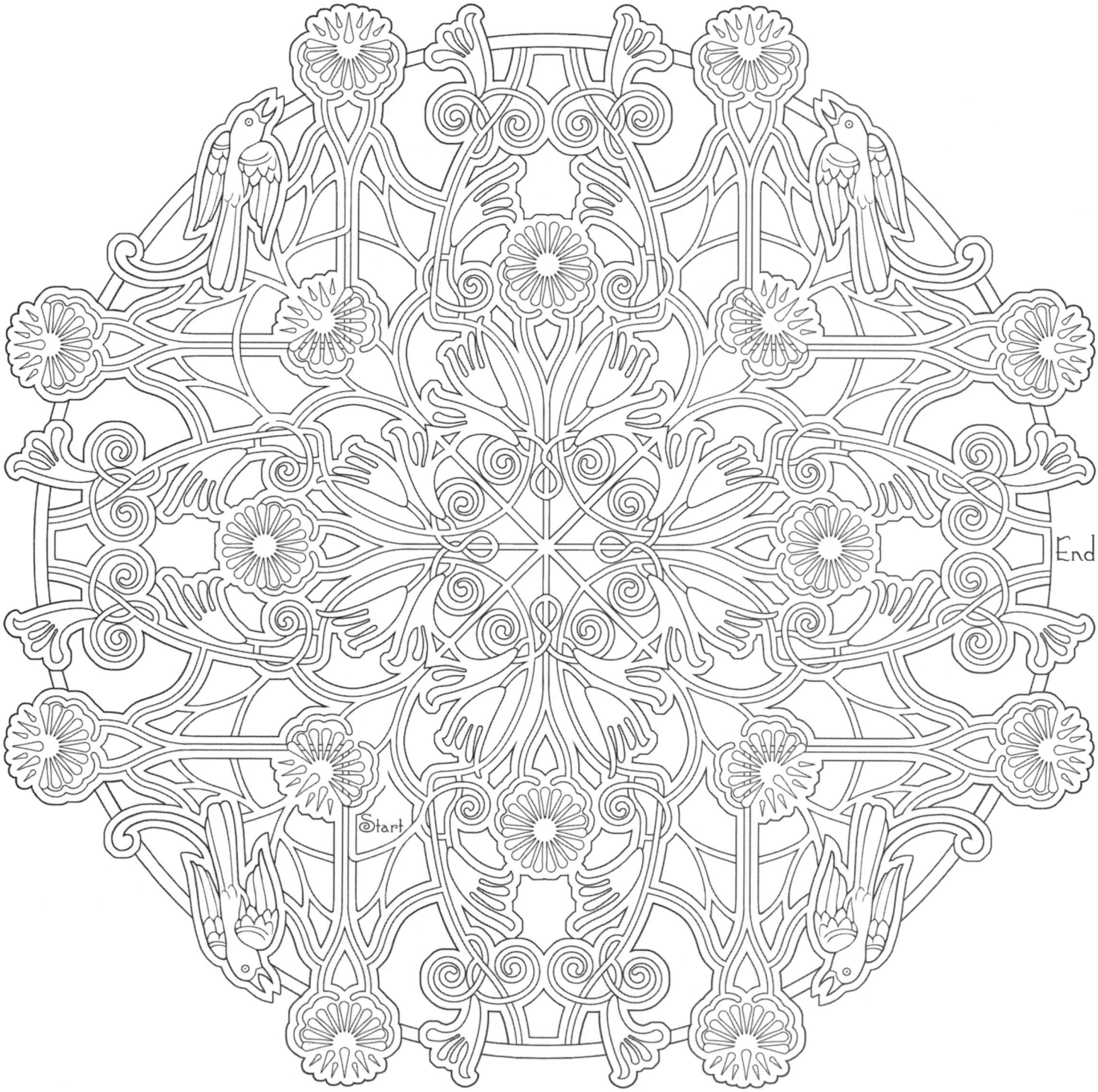
End
Start

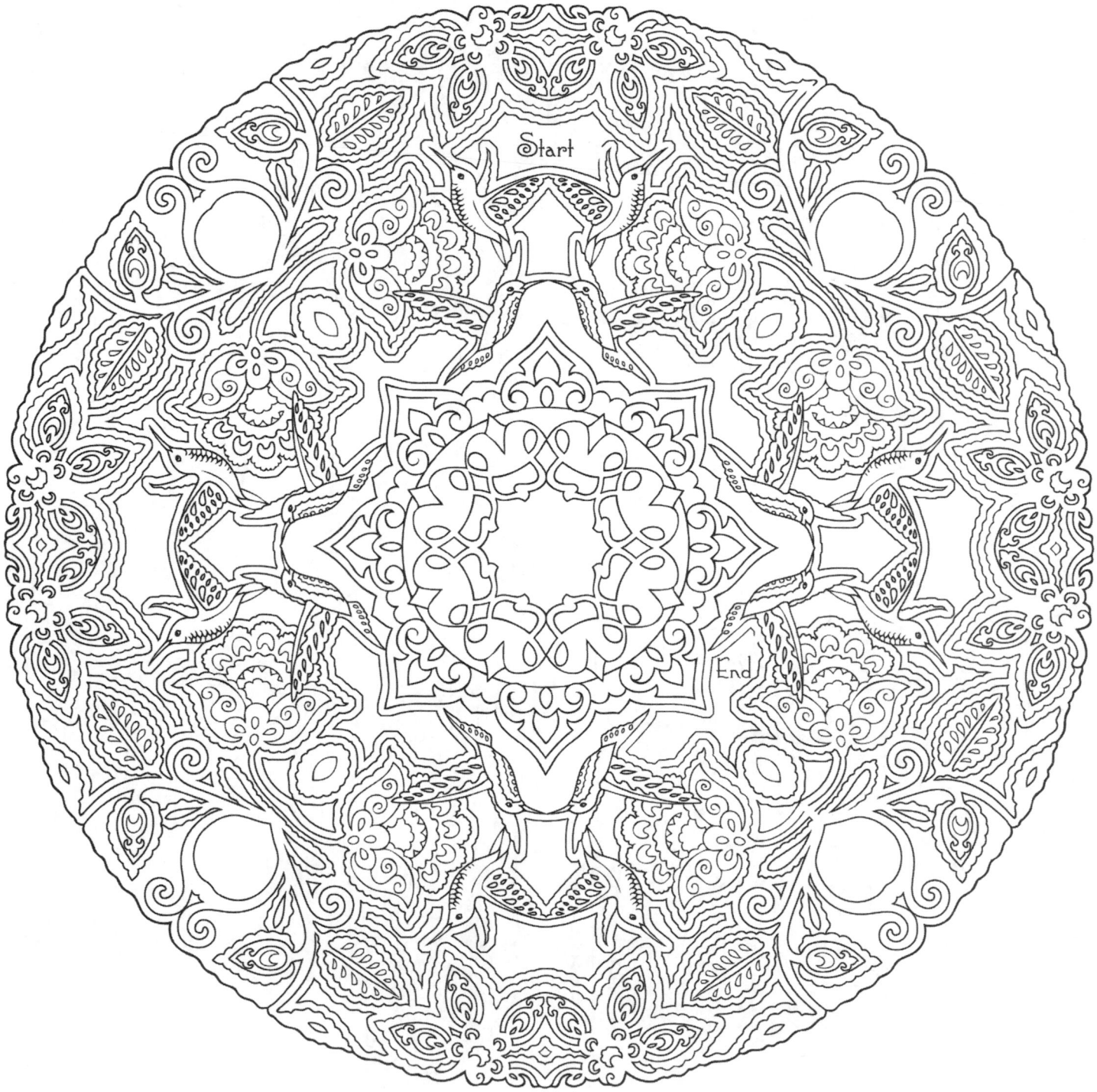
Start
End

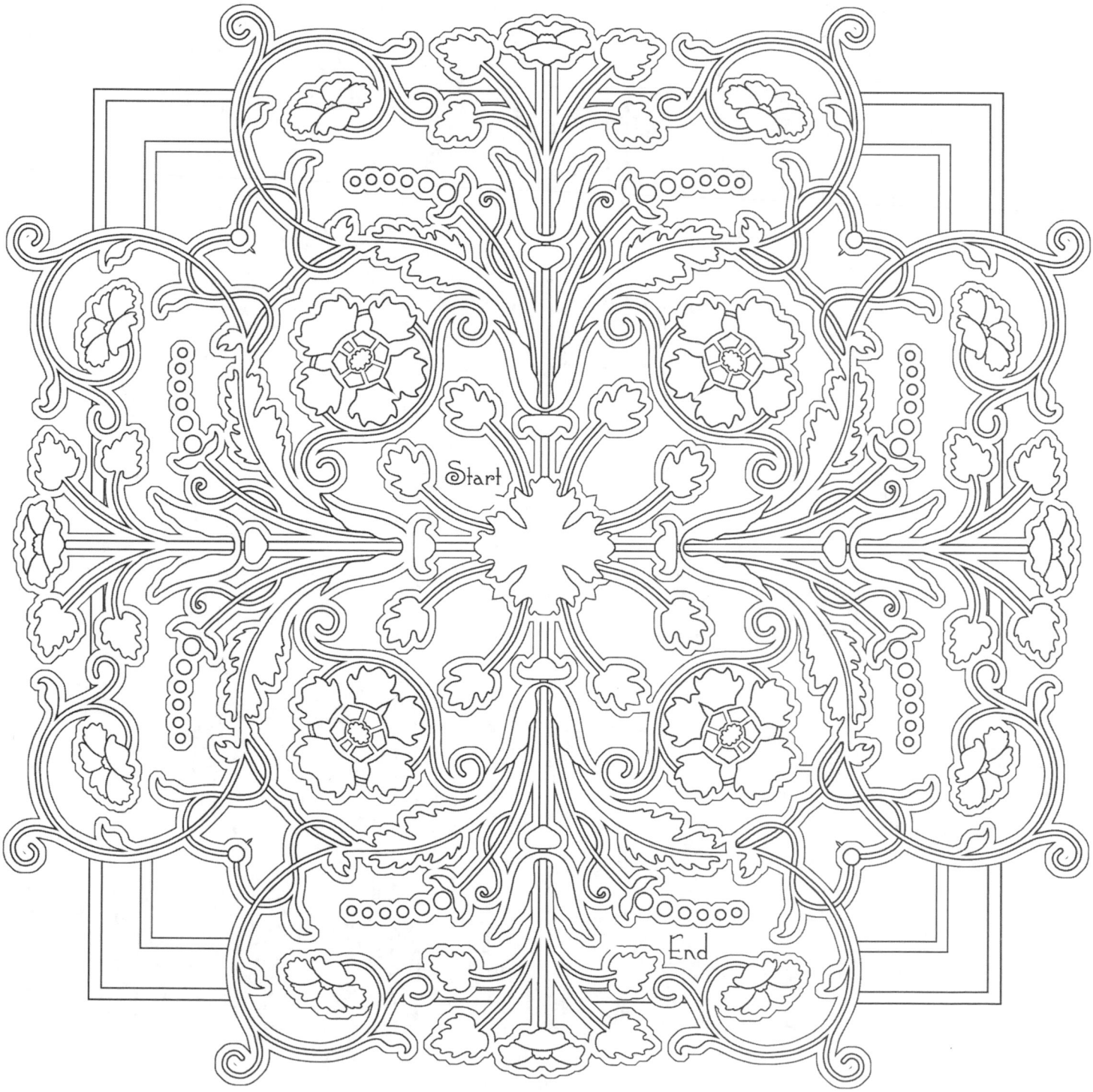
Start
End

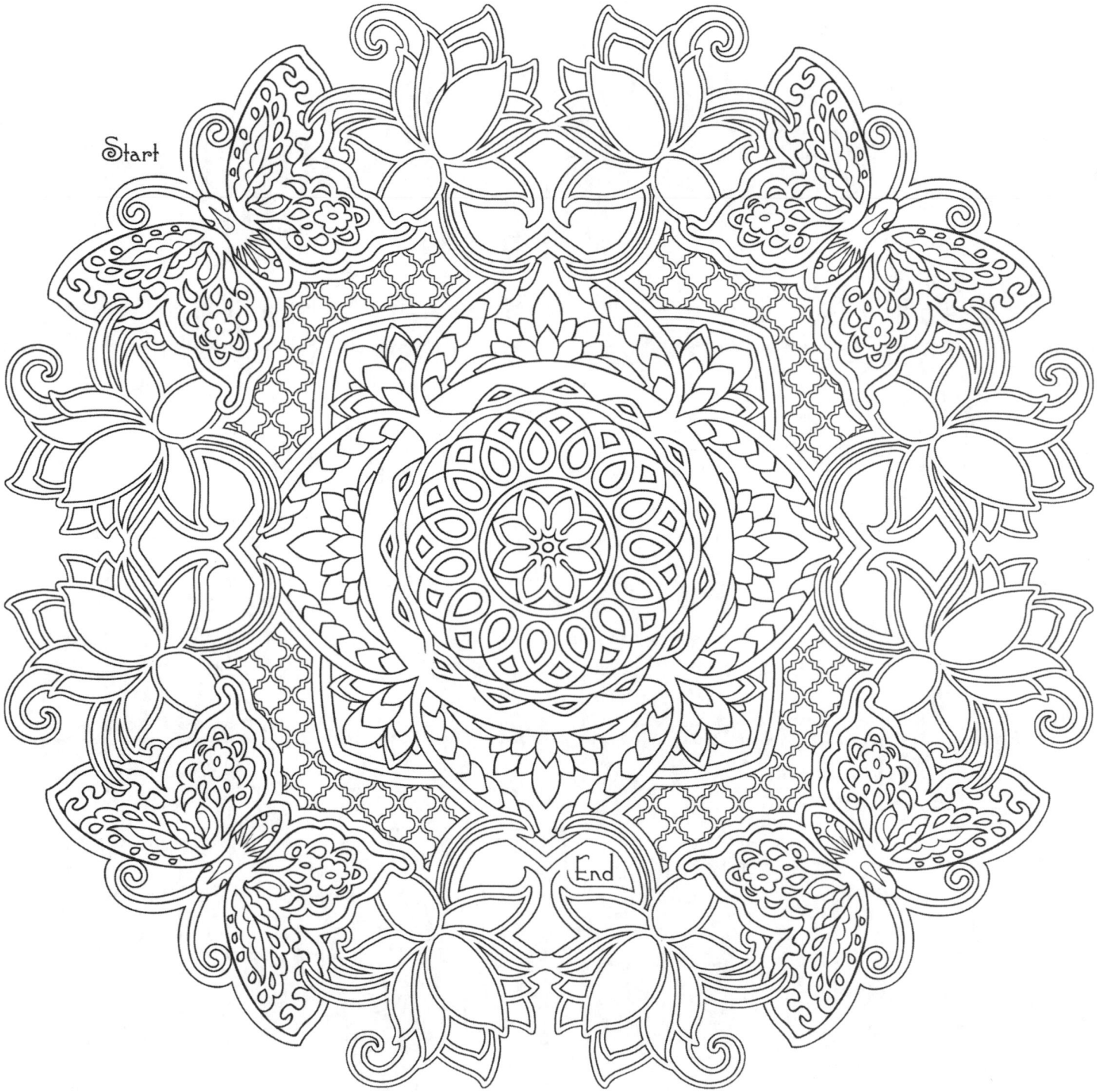
Start
End

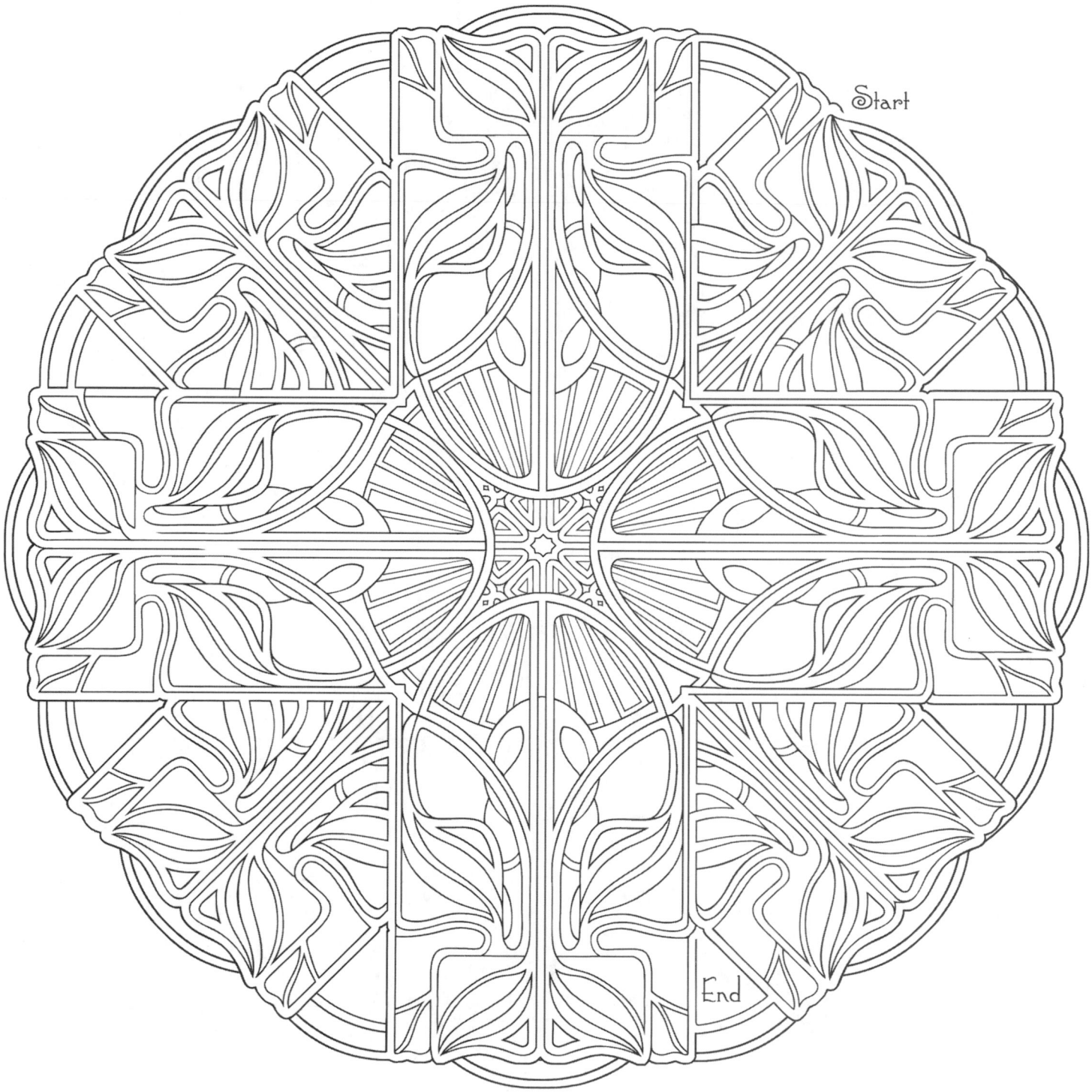
Start
End

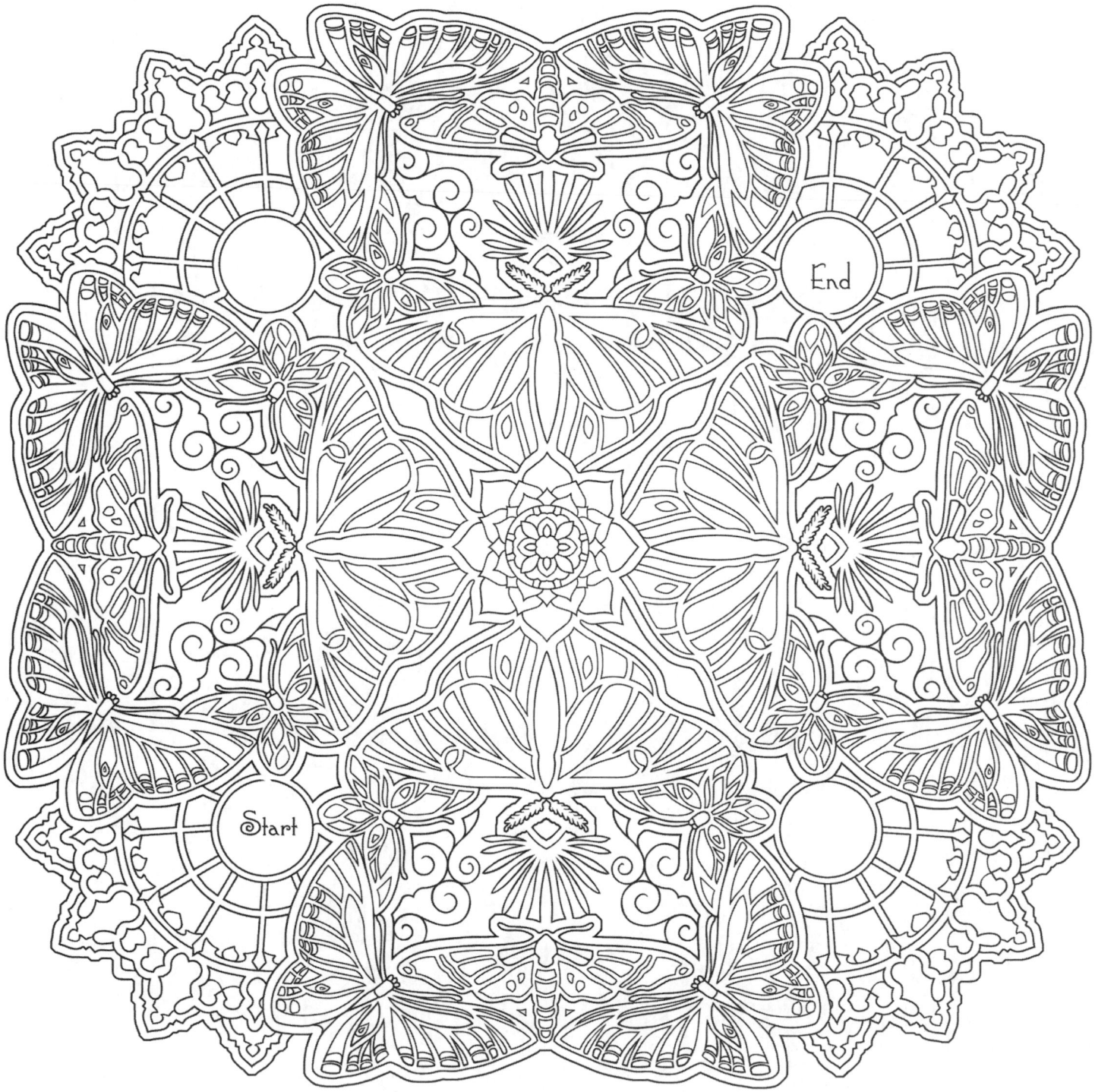
End
Start

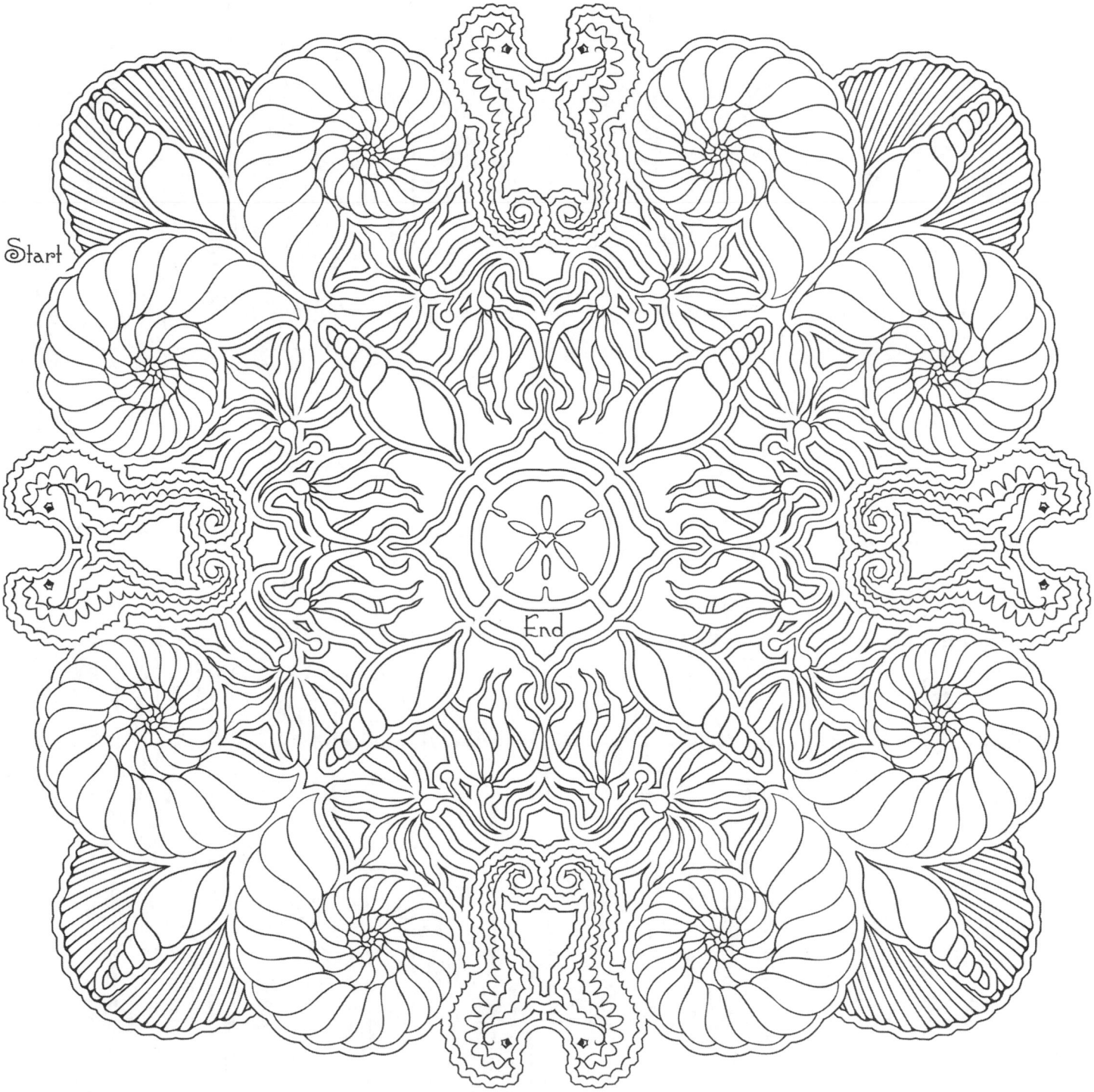
Start
End

Start
End

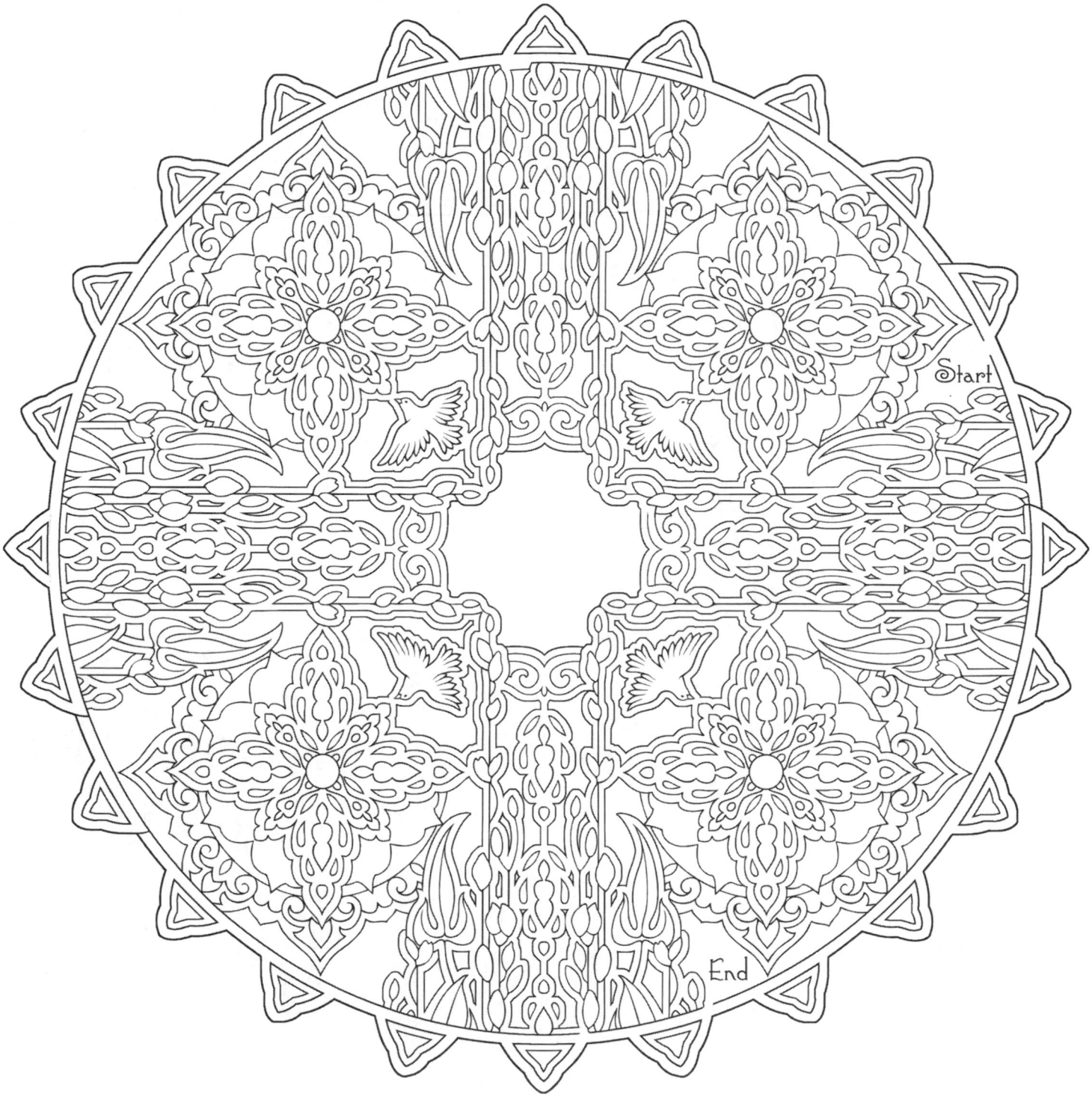
Start
End

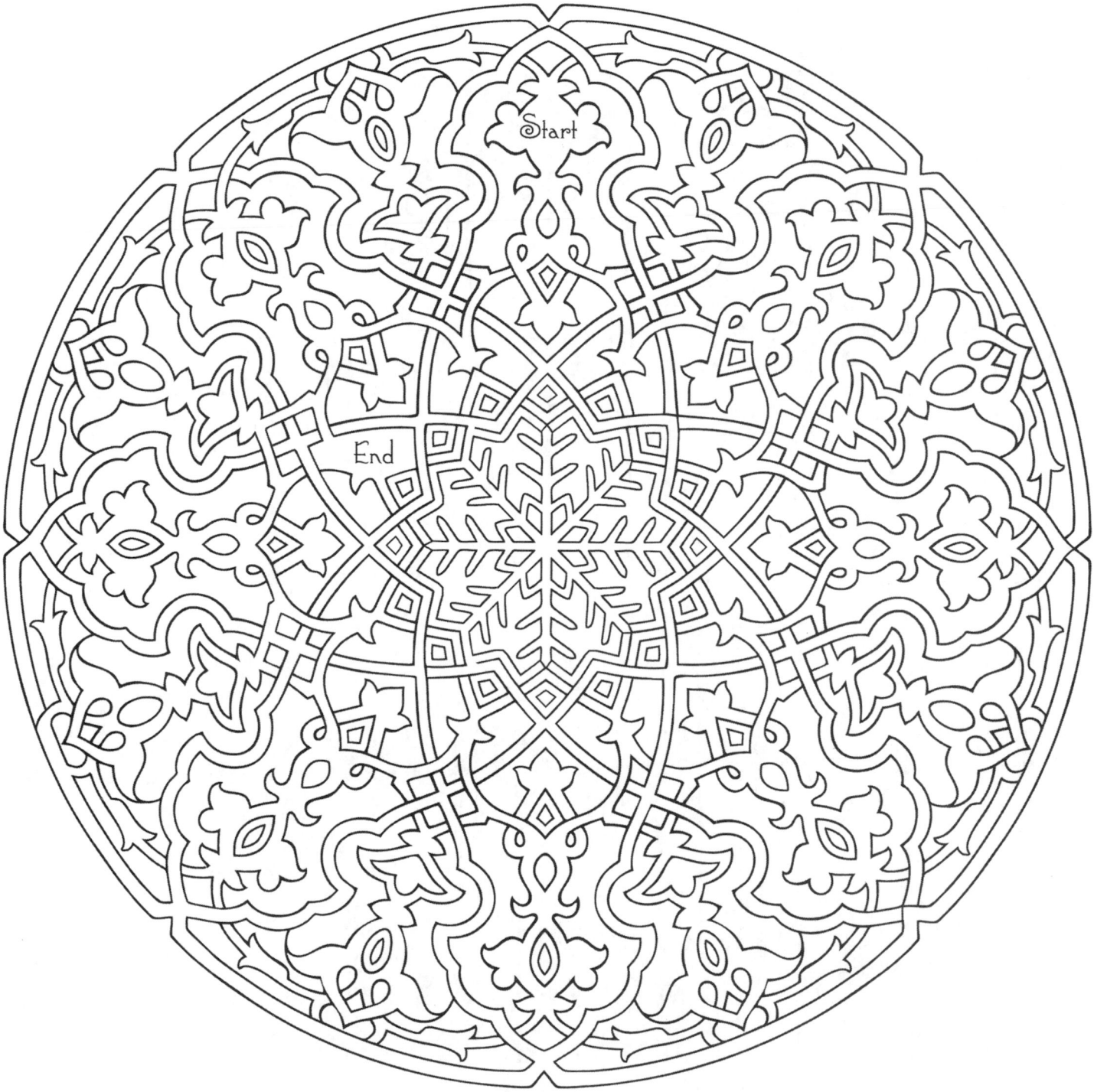
Start
End

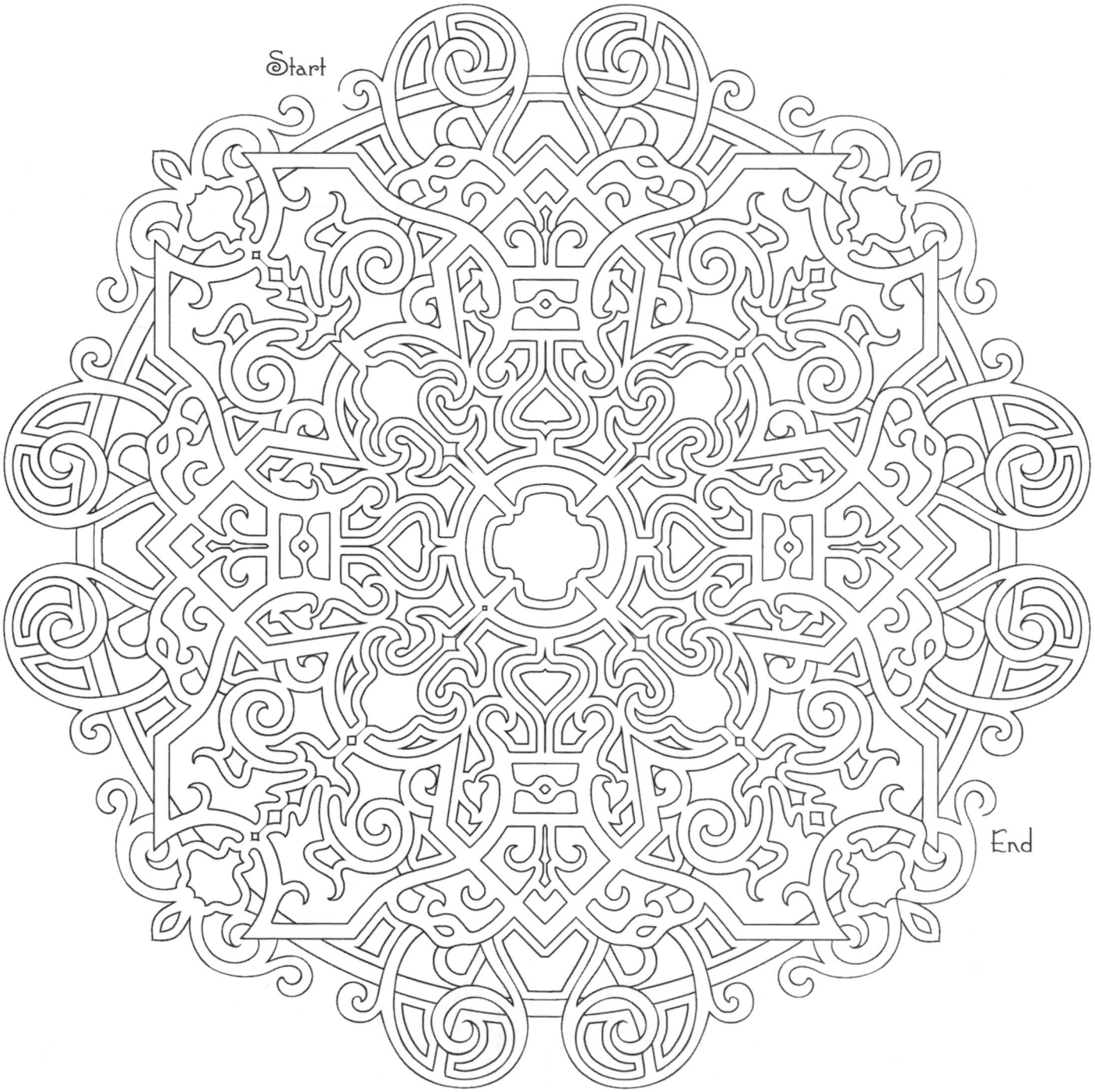
Start
End

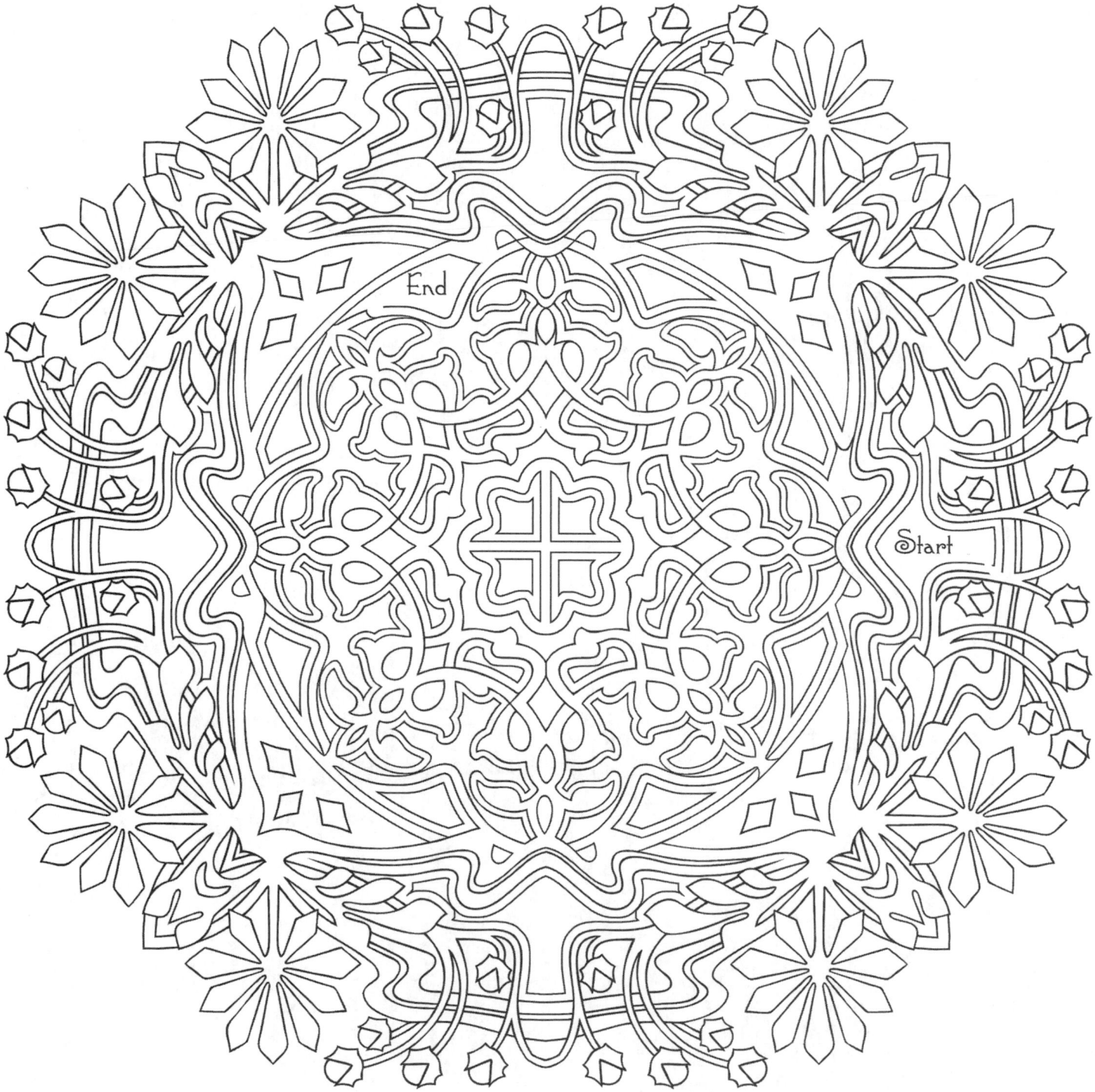
End
Start

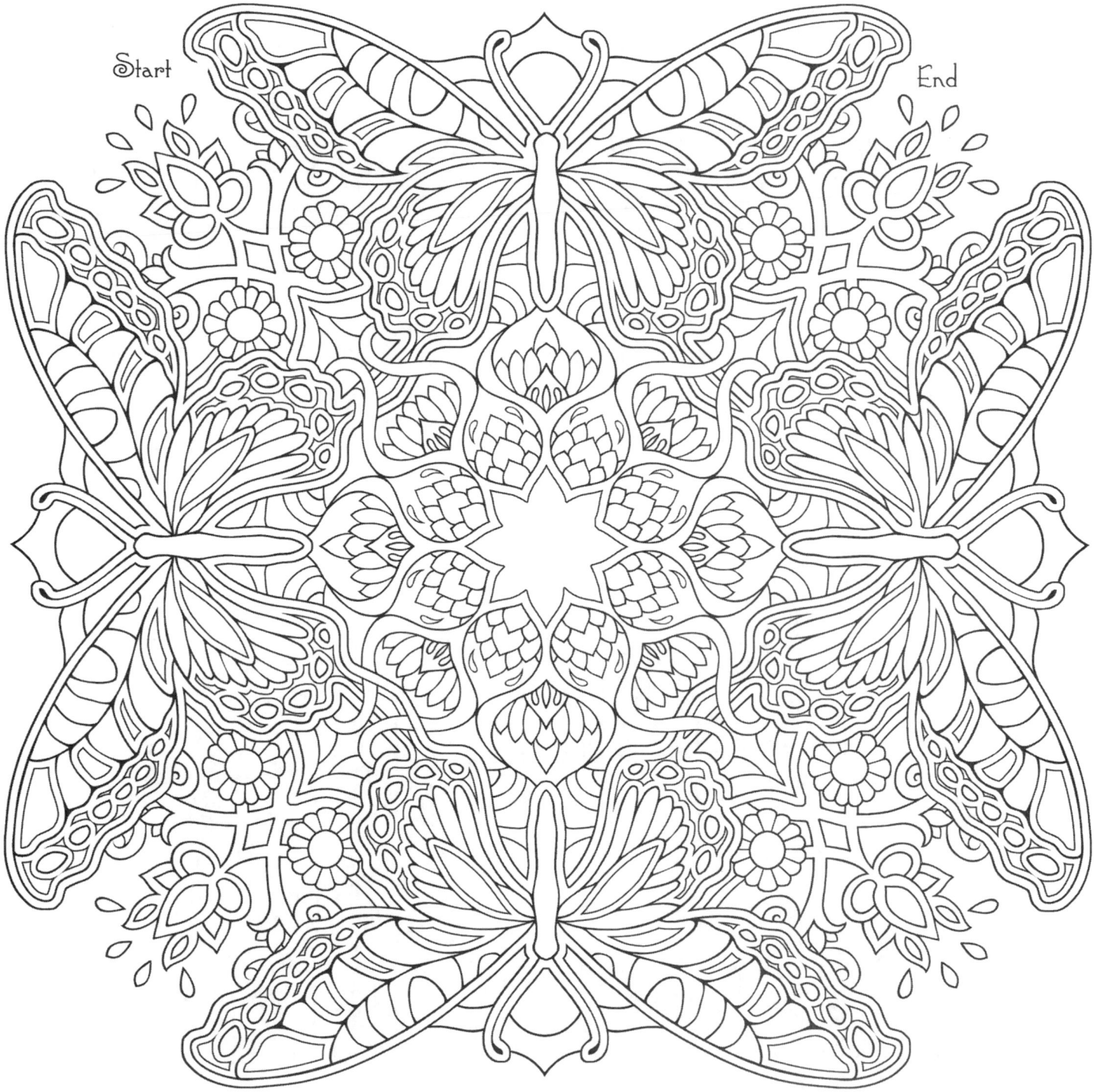
Start
End

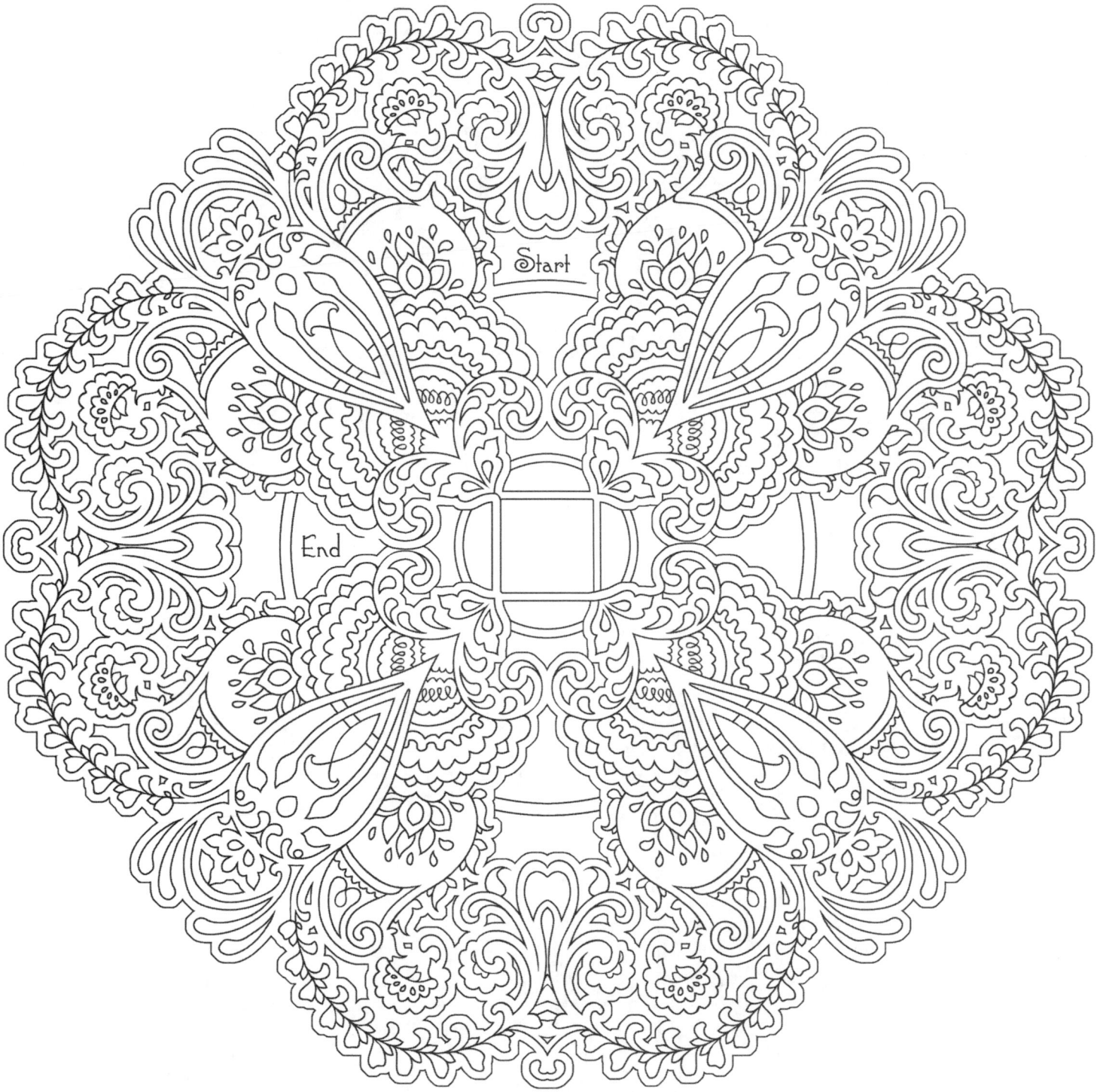
Start
End

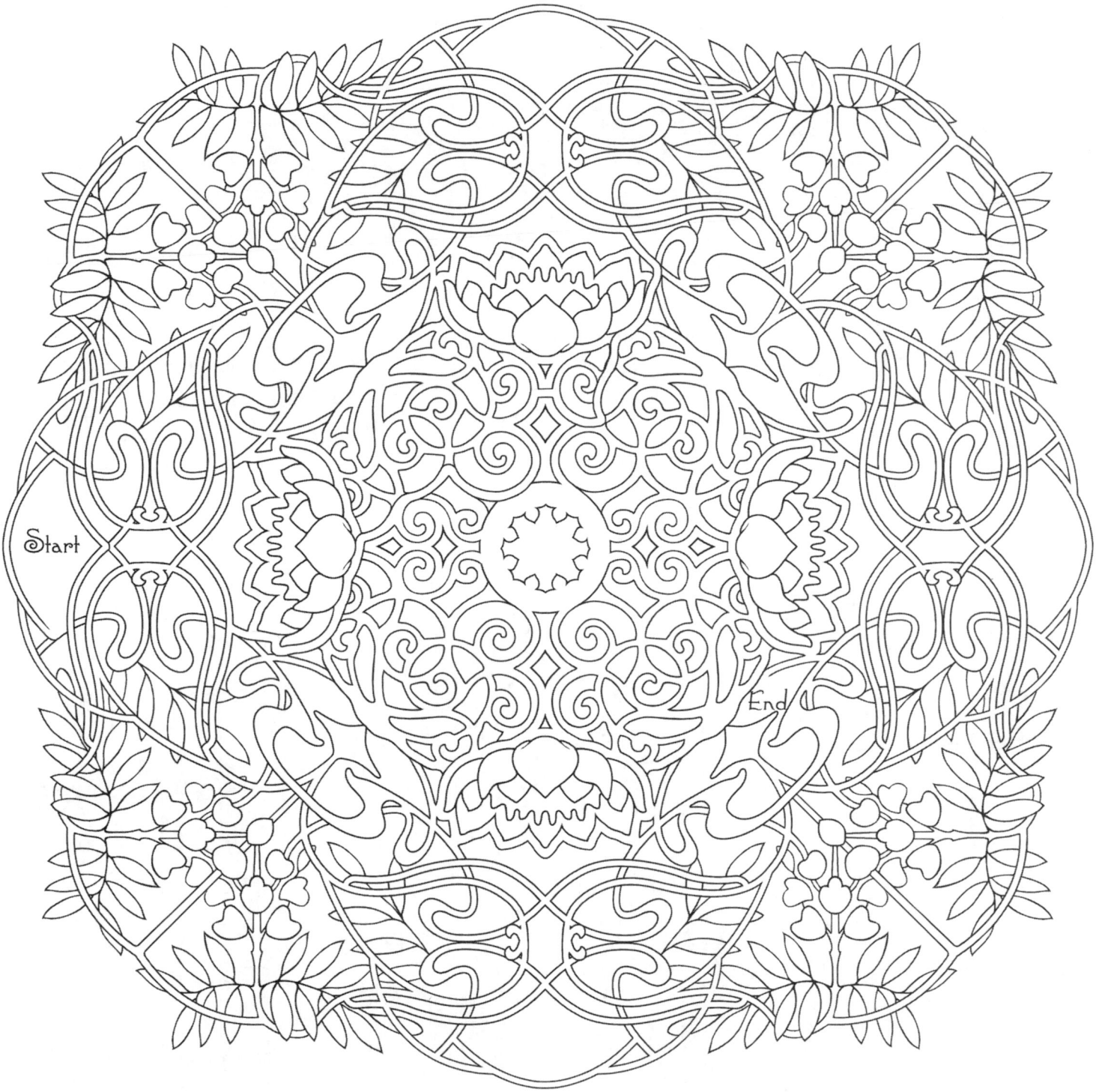
Start
End

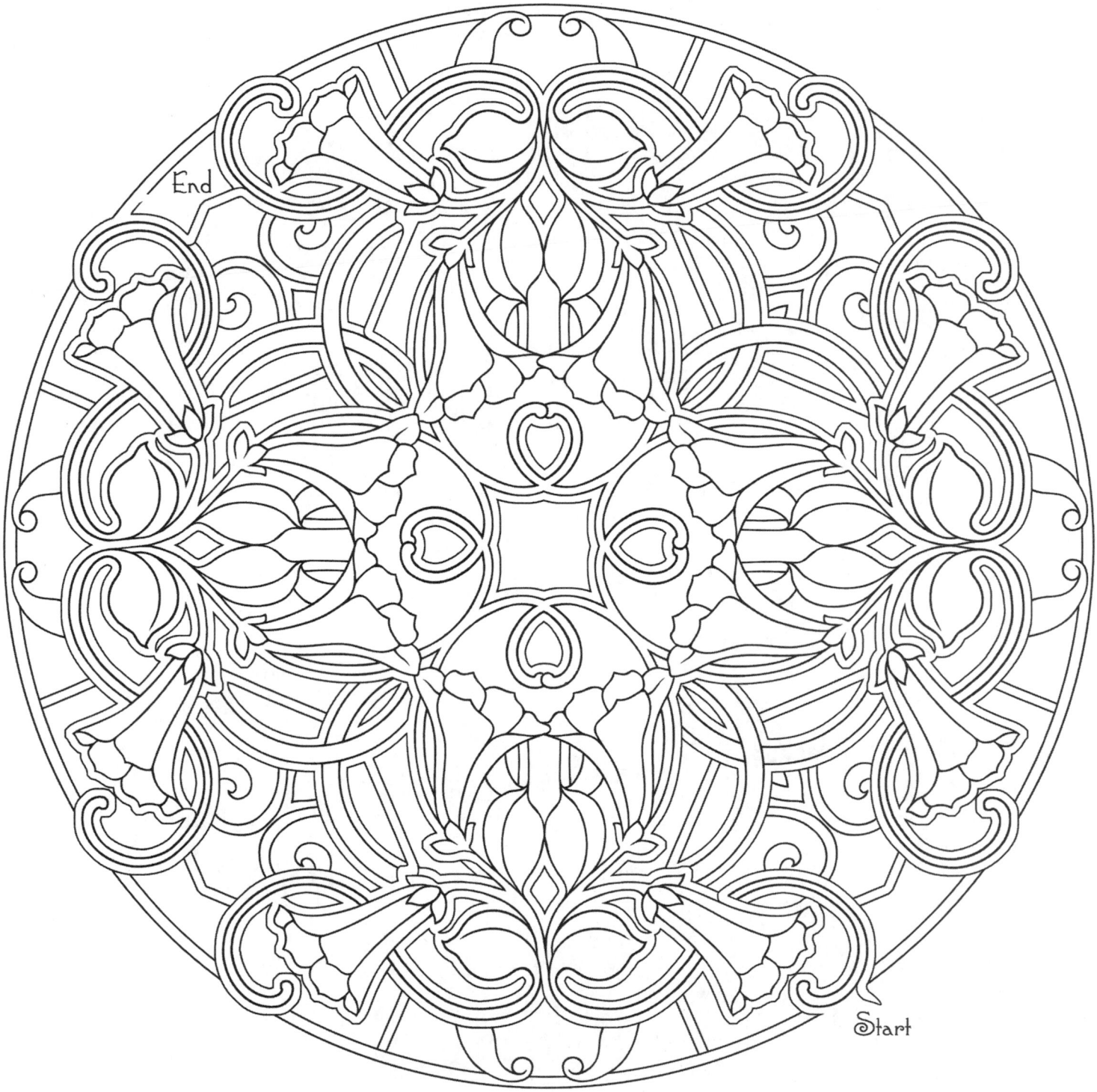
End
Start

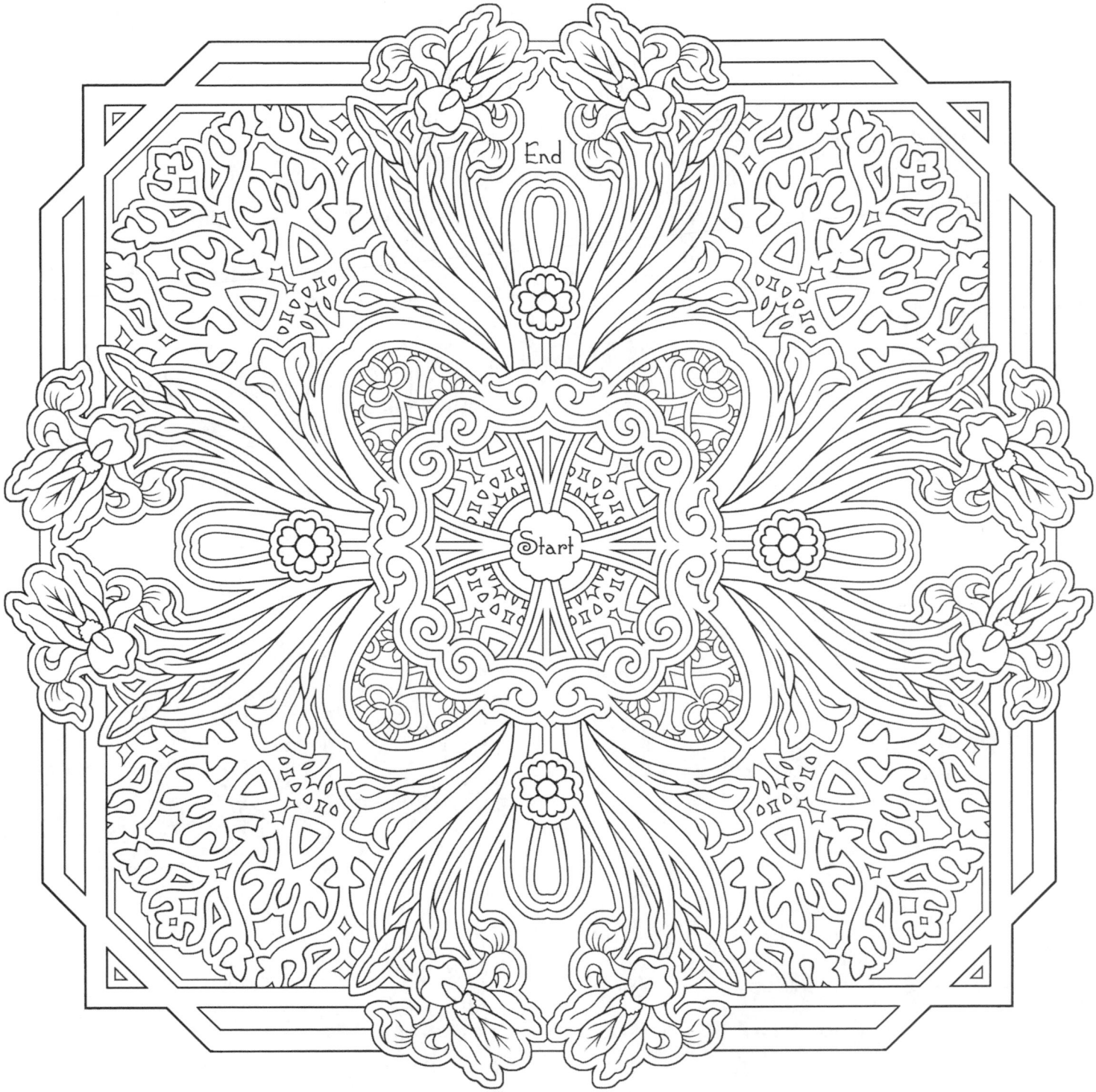
End
Start

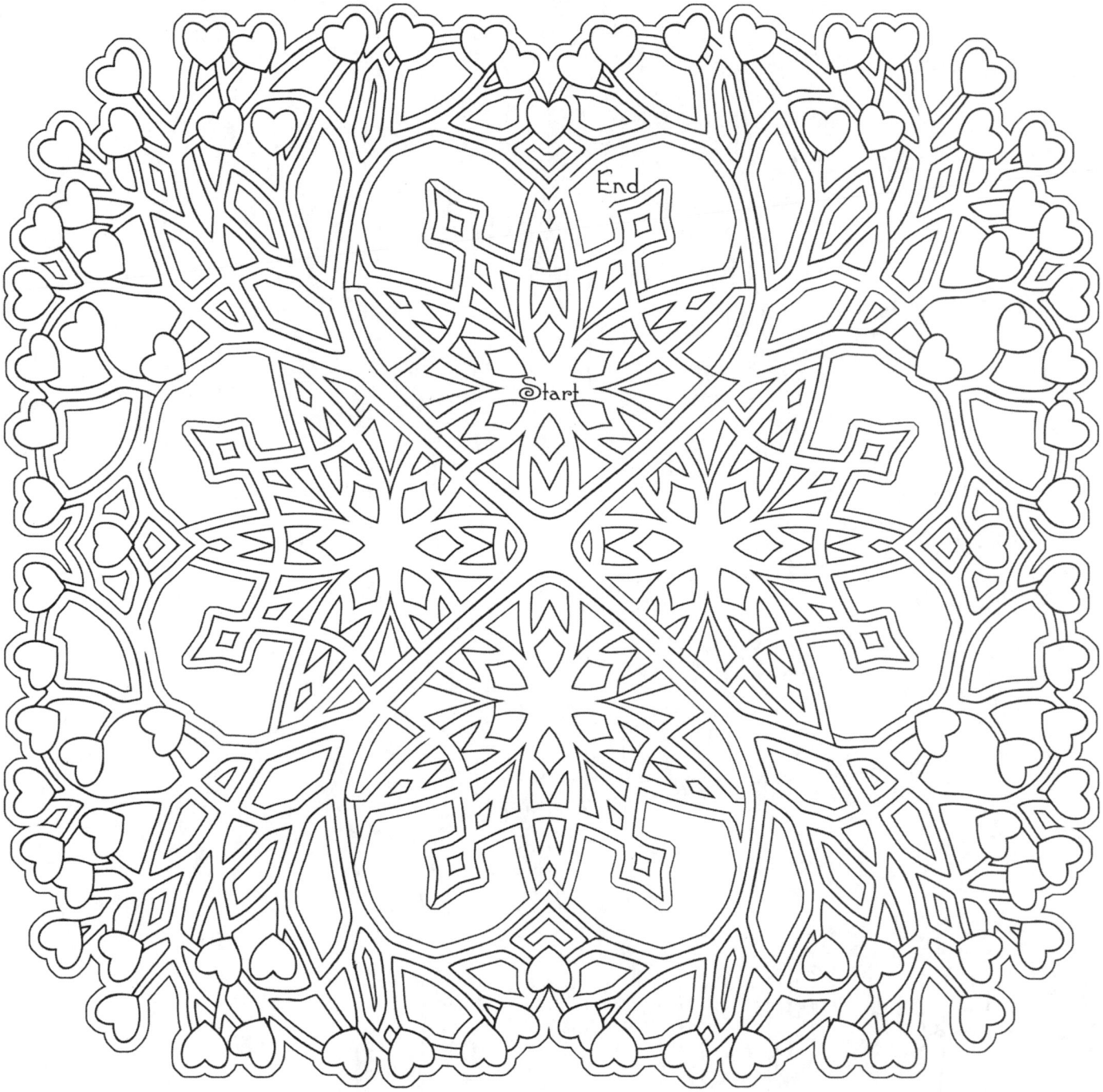
End
Start

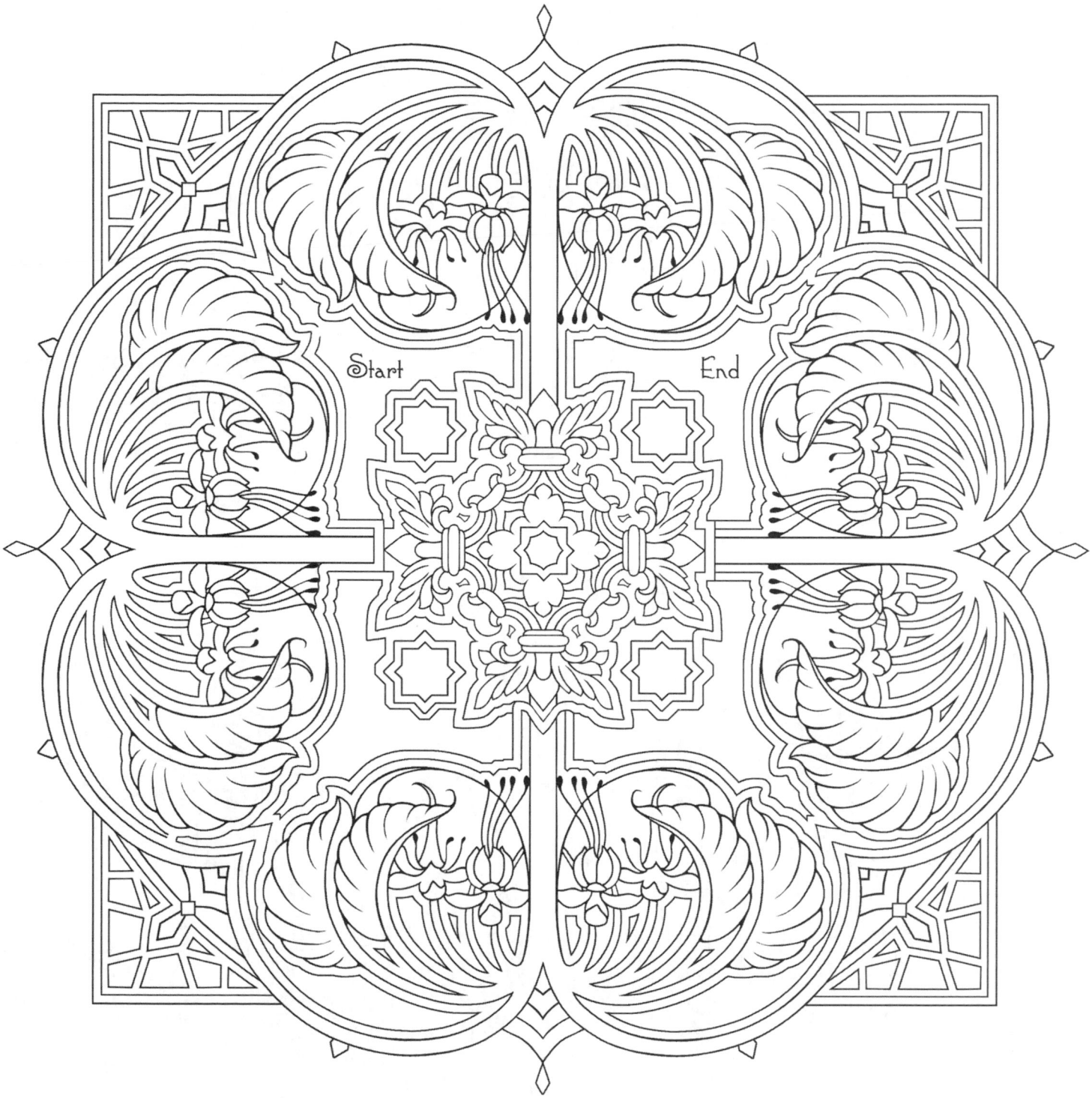
Start
End

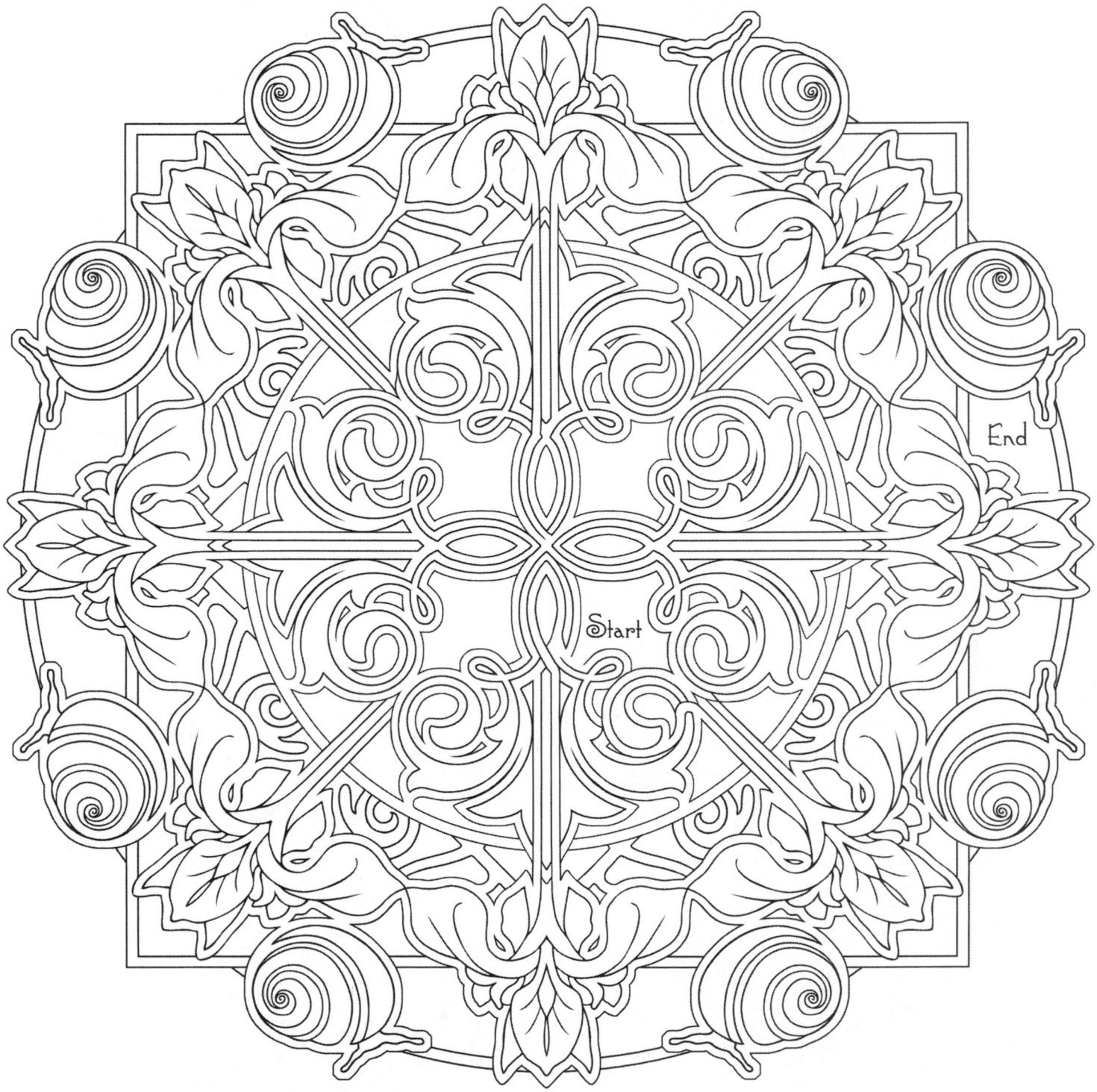
End
Start

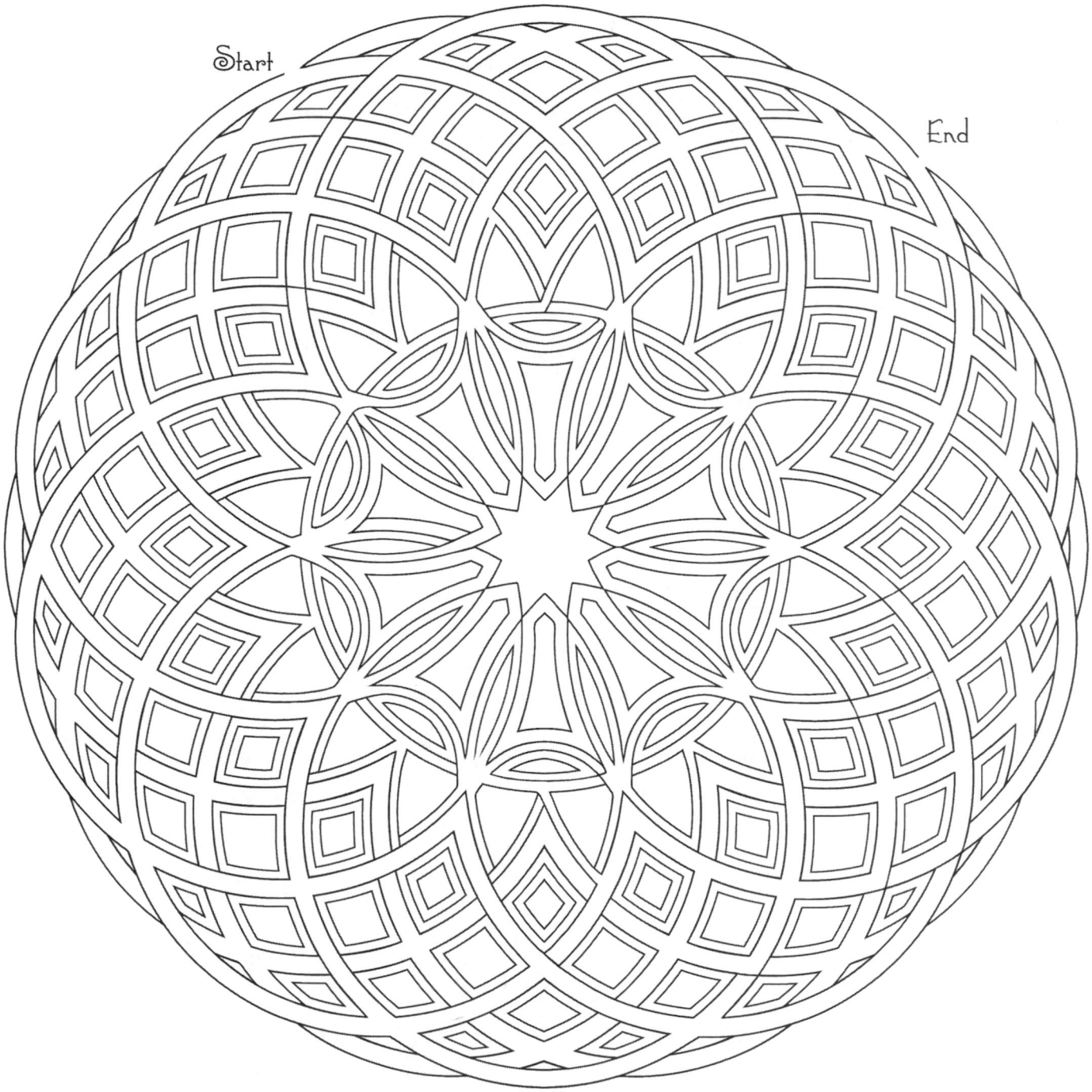
Start
End

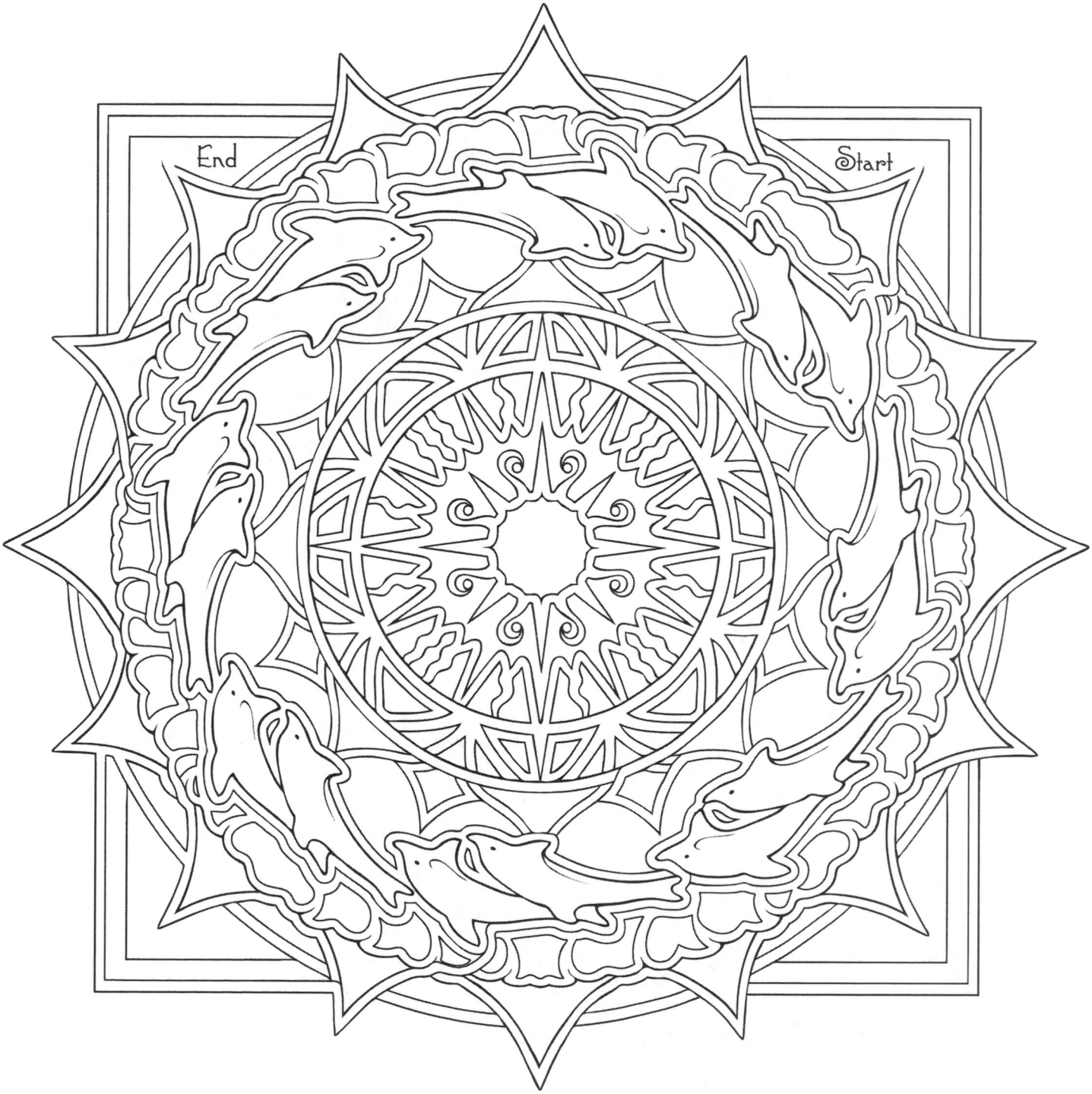
End
Start

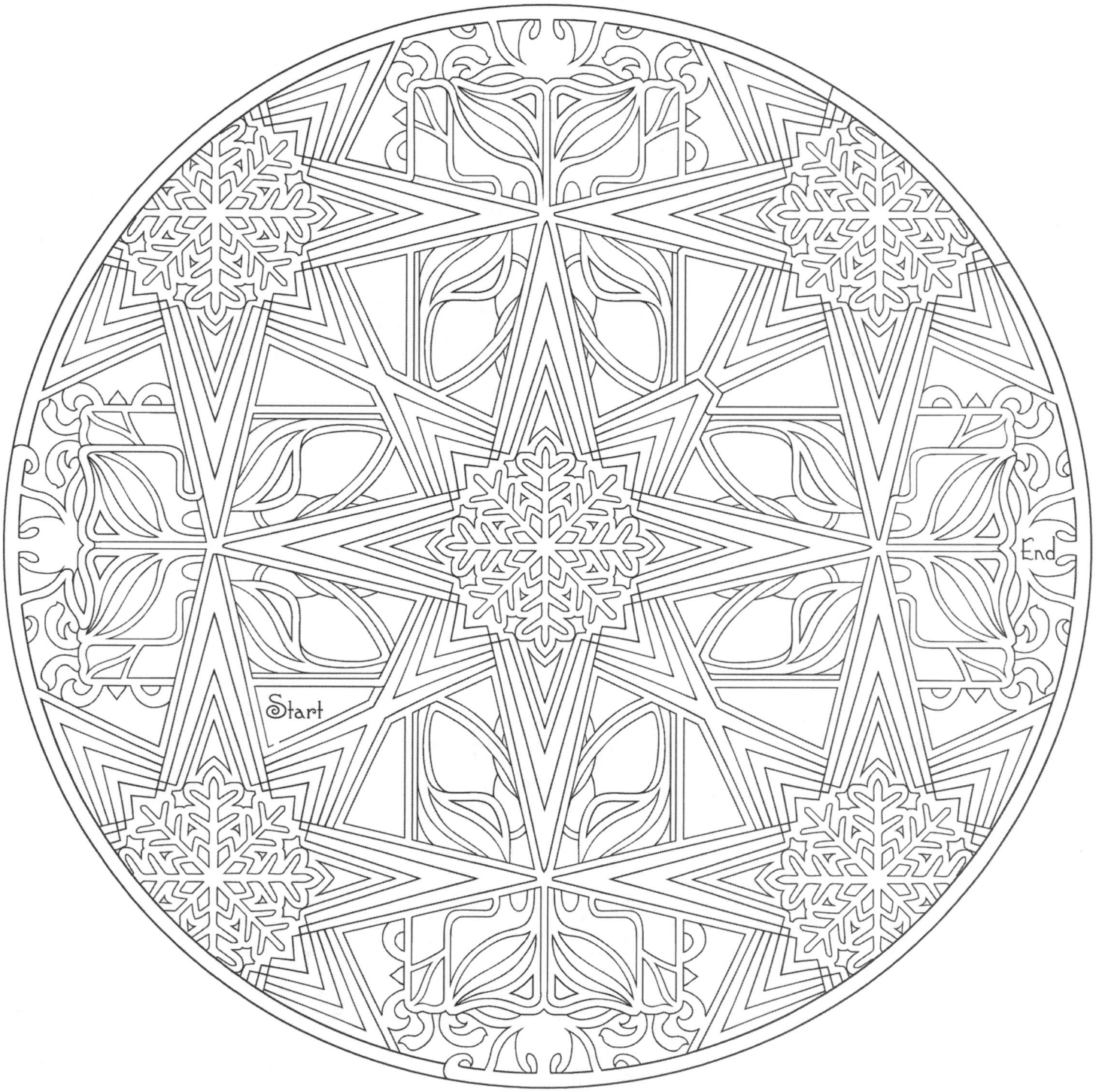
Start
End

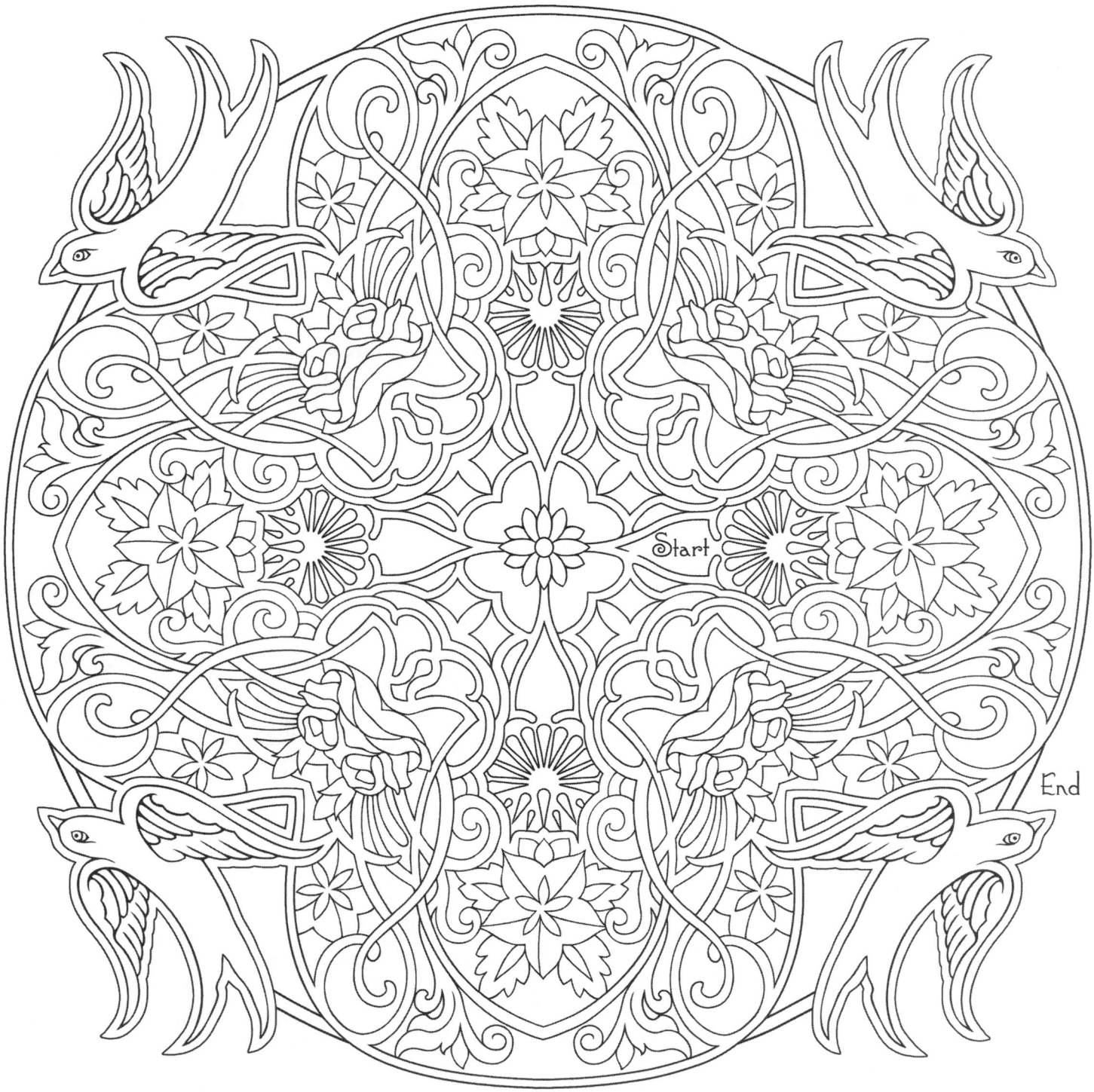
Start
End

maze answer key

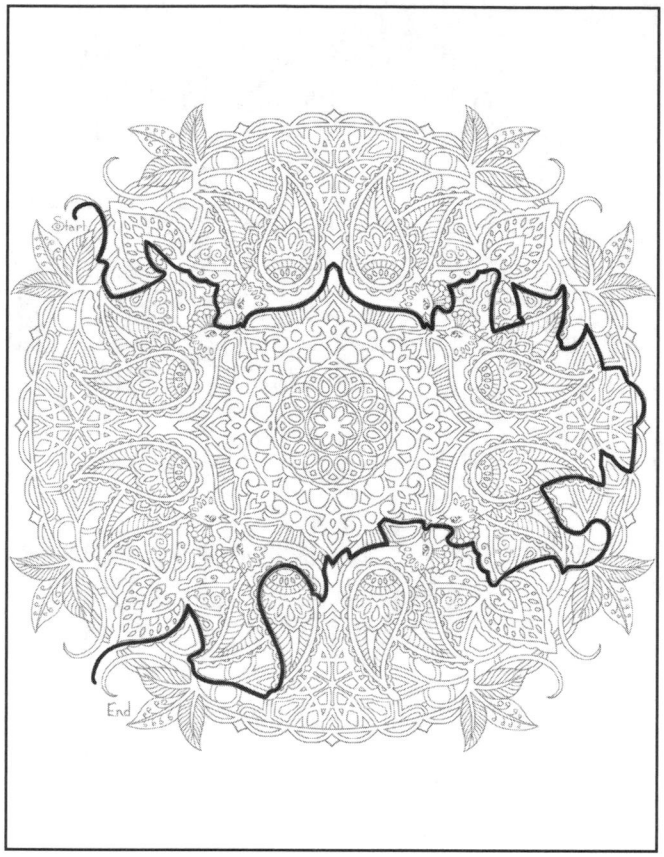

1

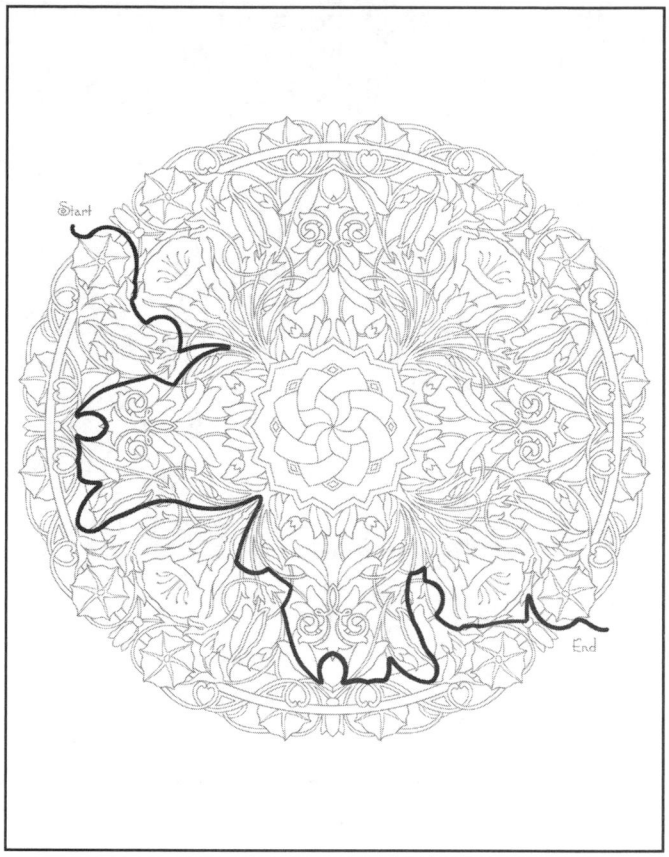

2

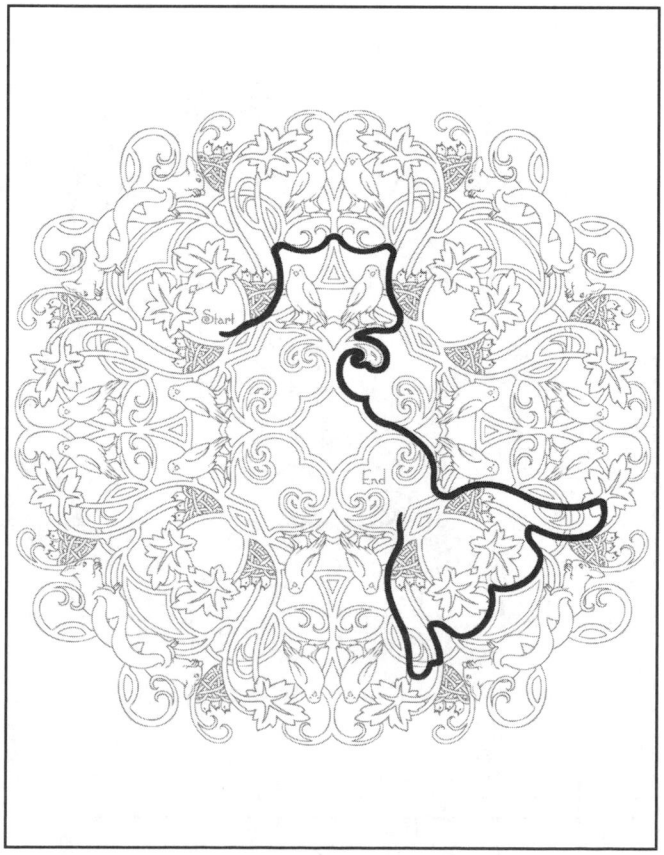

3

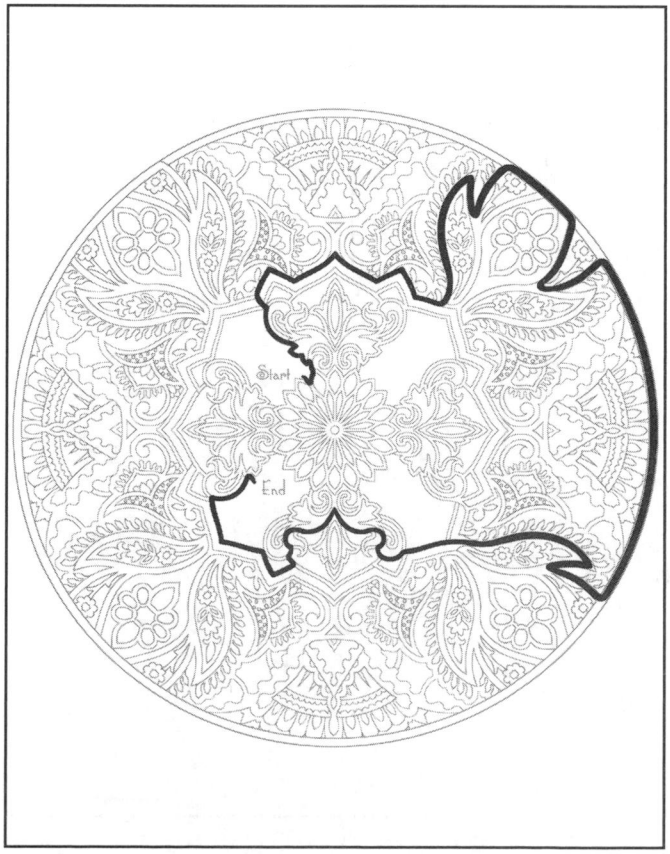

4

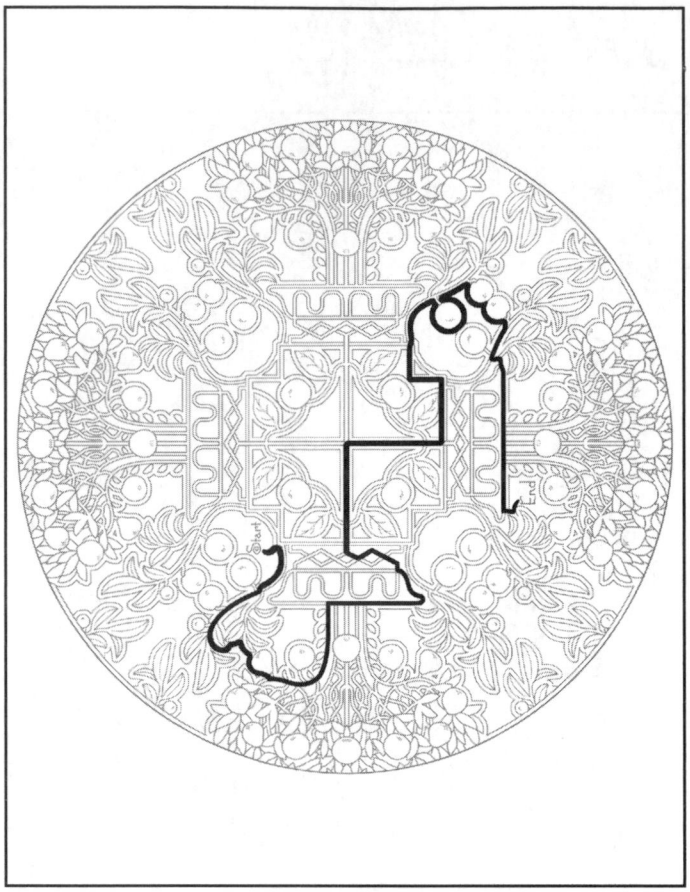

5

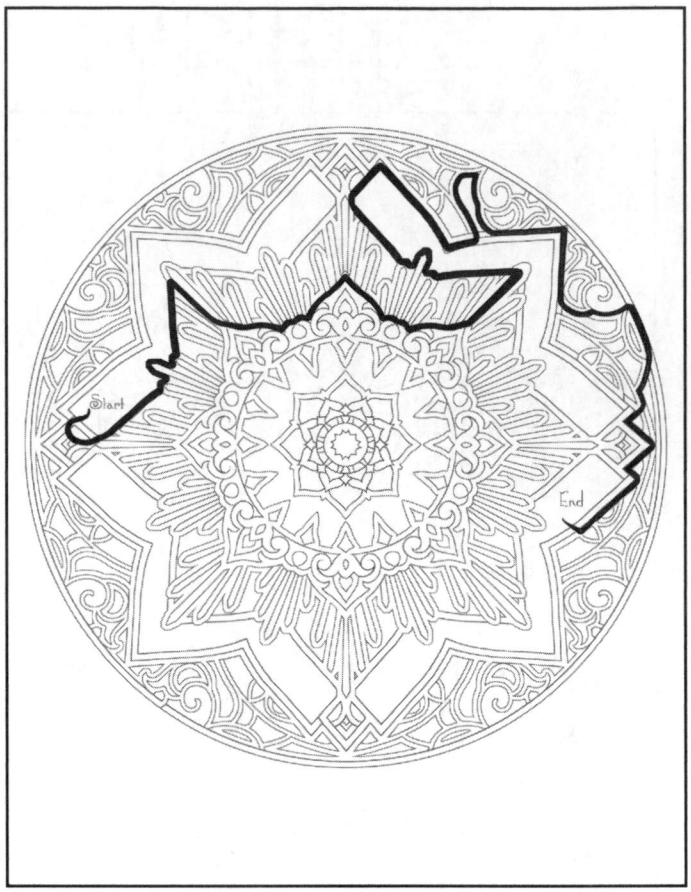

6

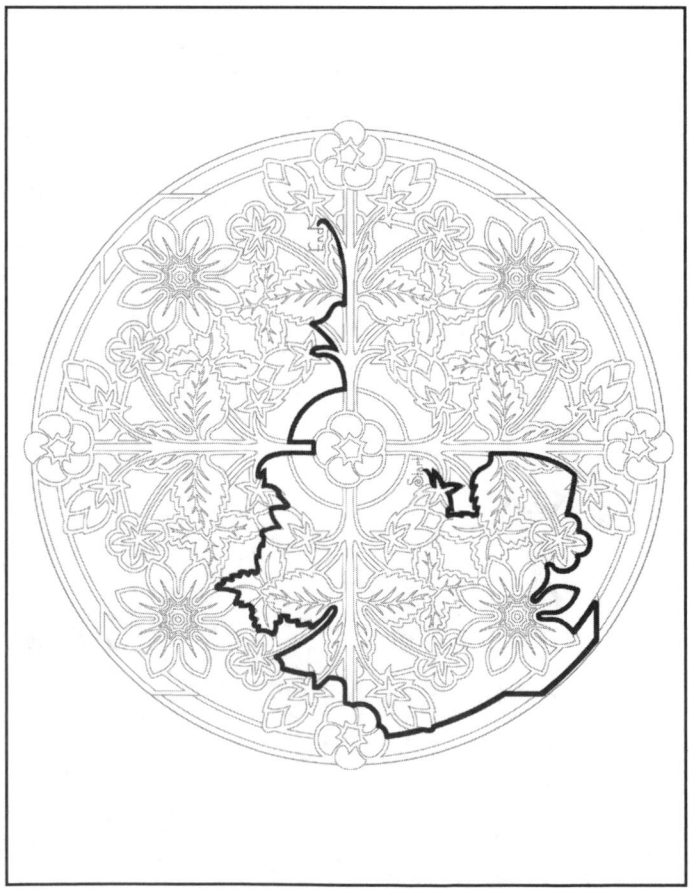

7

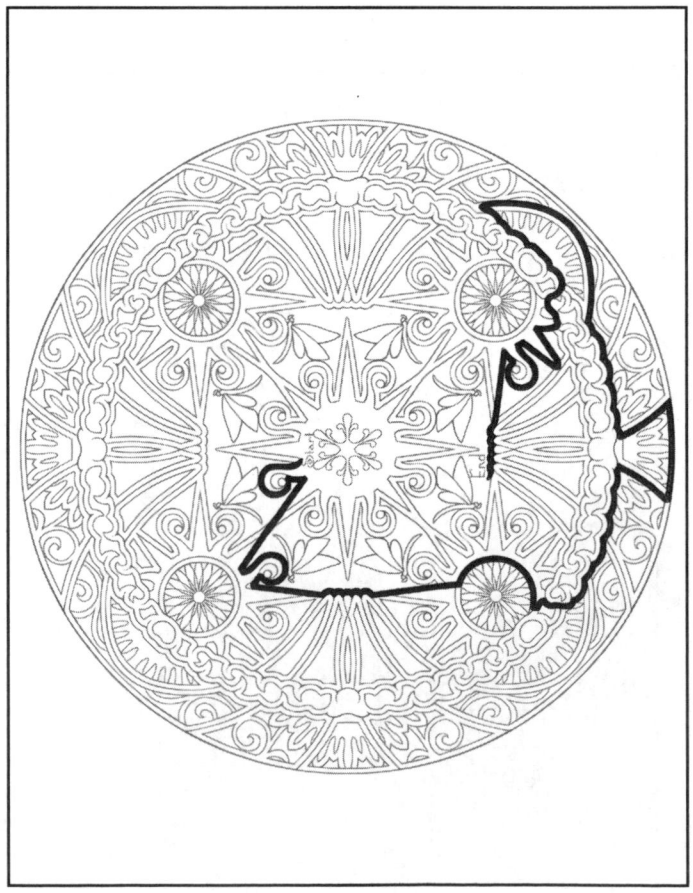

8

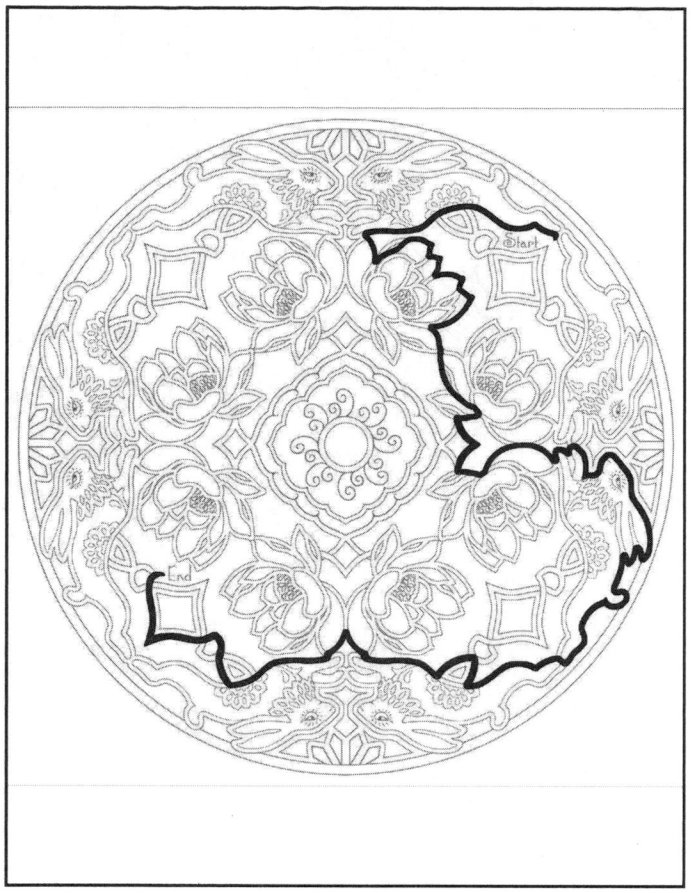

9

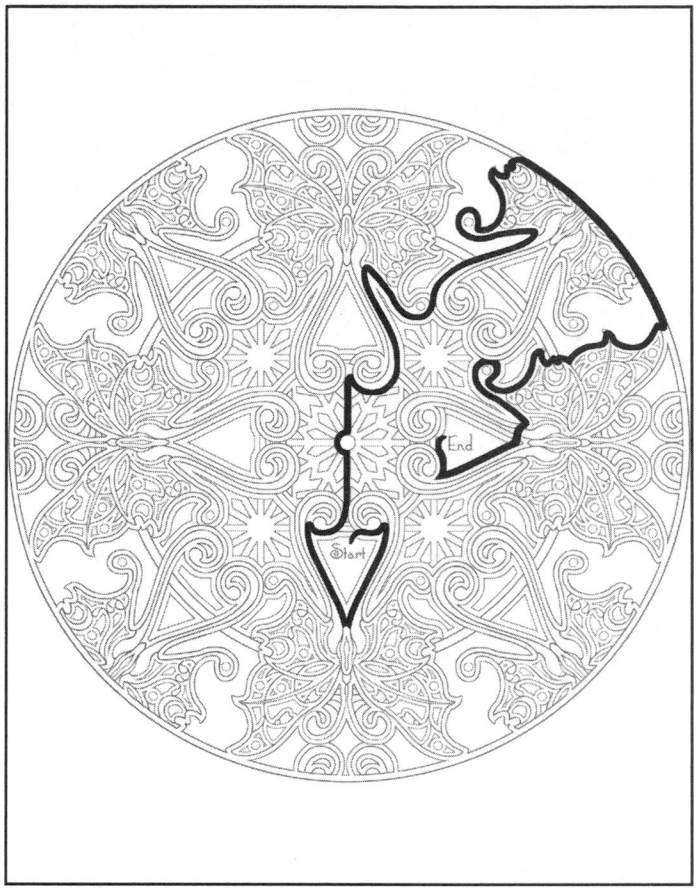

10

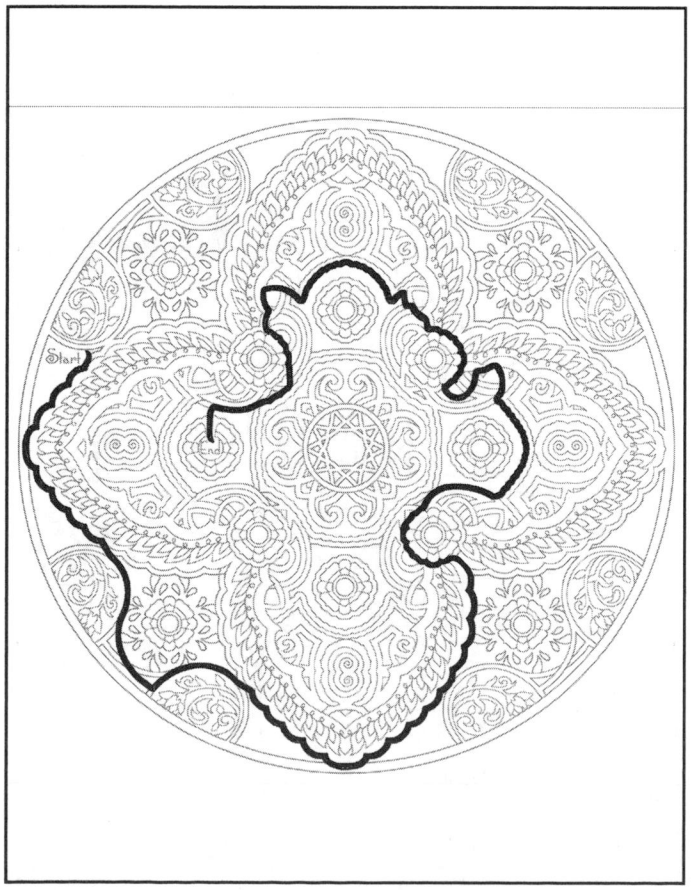

11

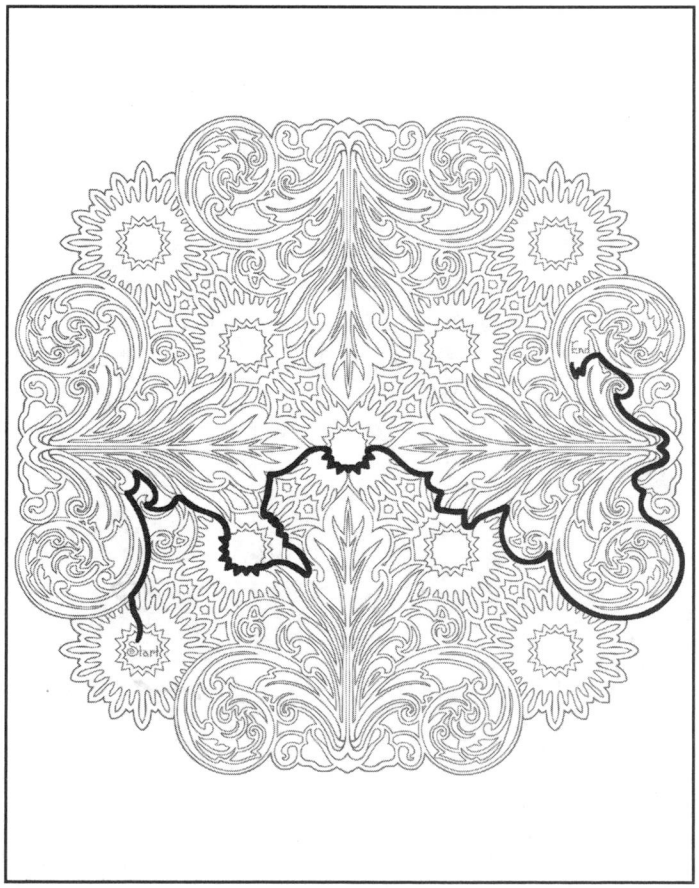

12

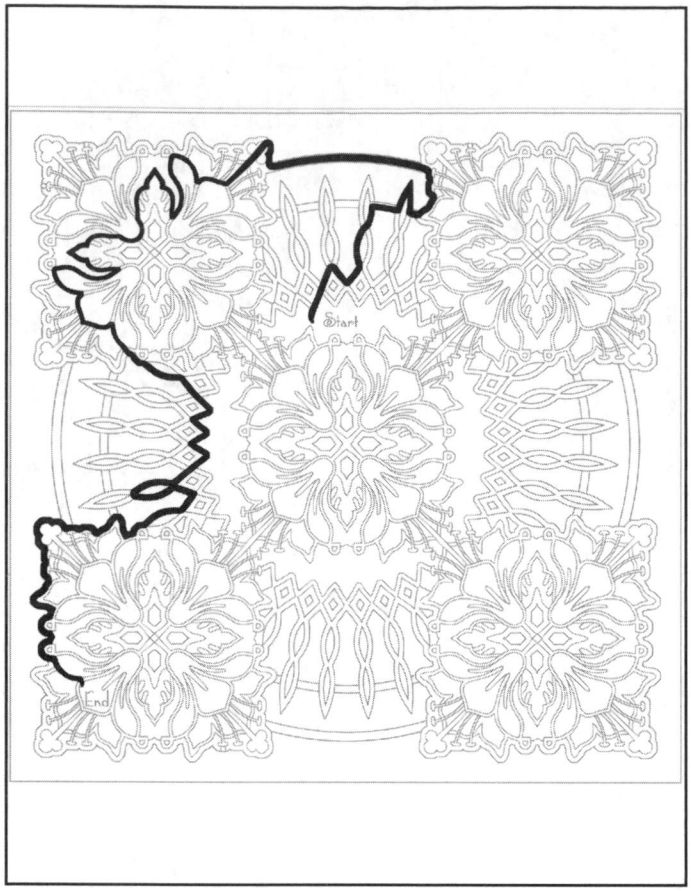

13

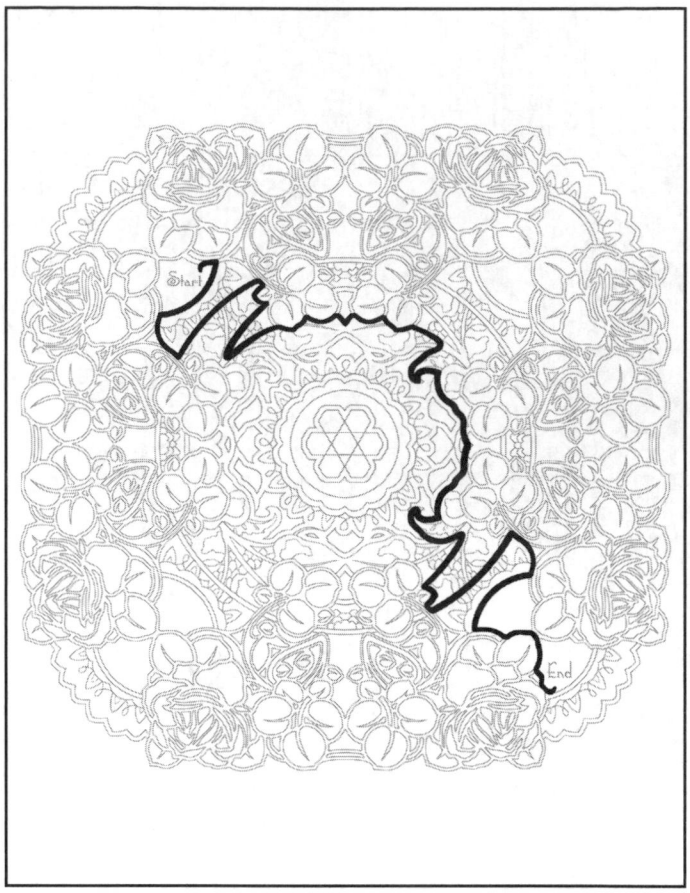

14

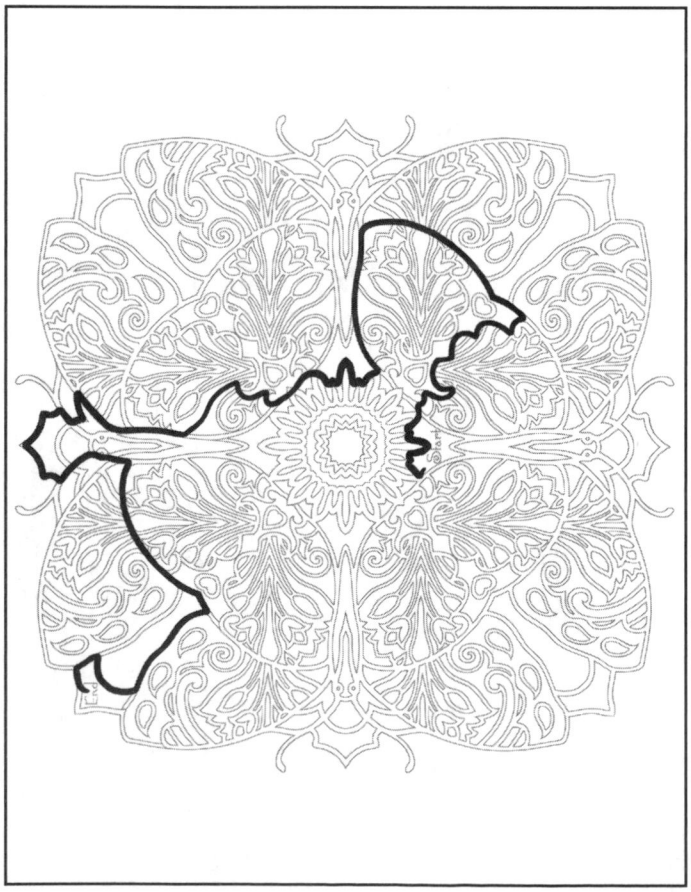

15

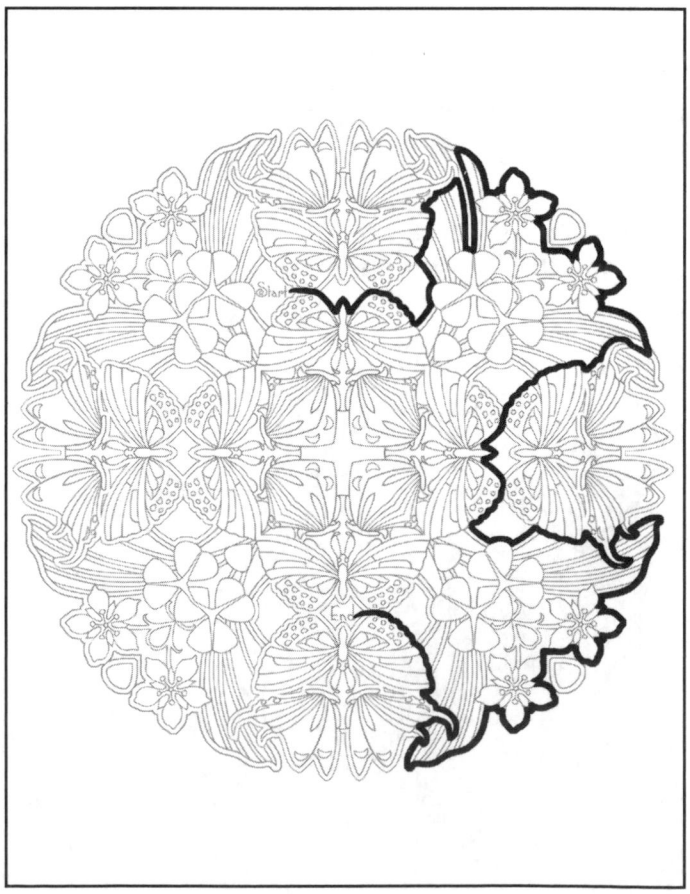

16

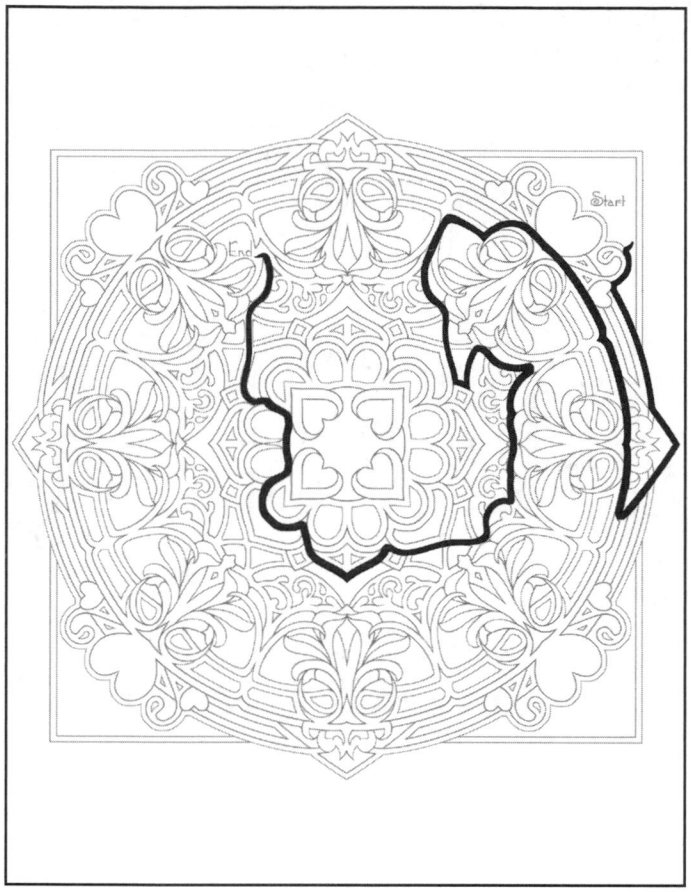

17

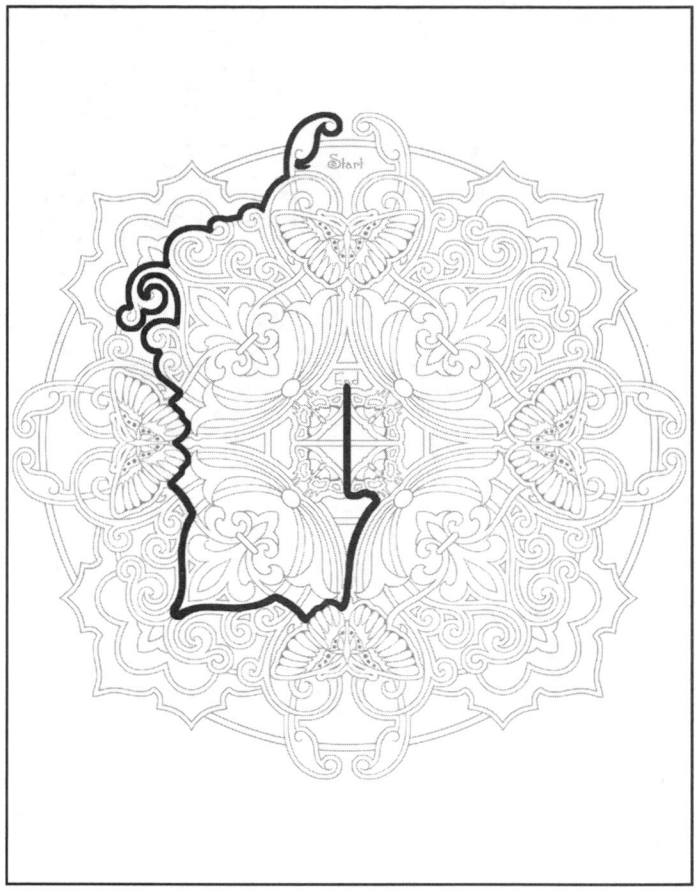

18

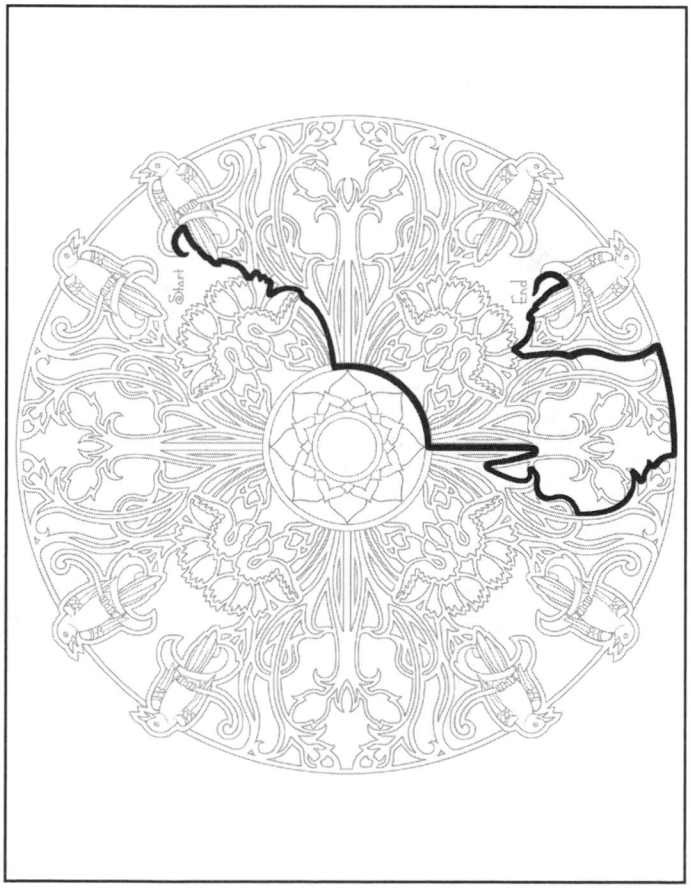

19

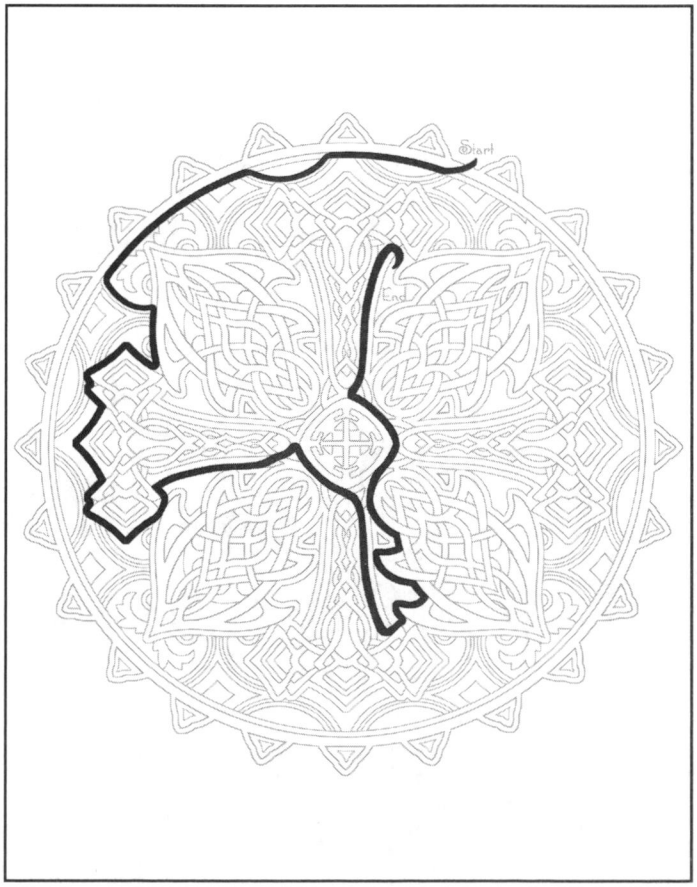

20

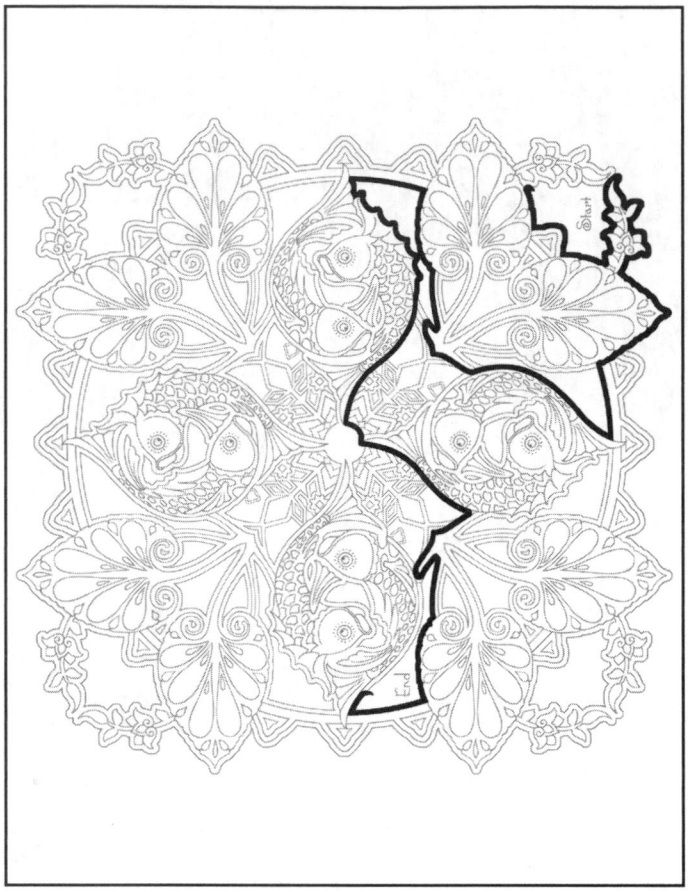

21

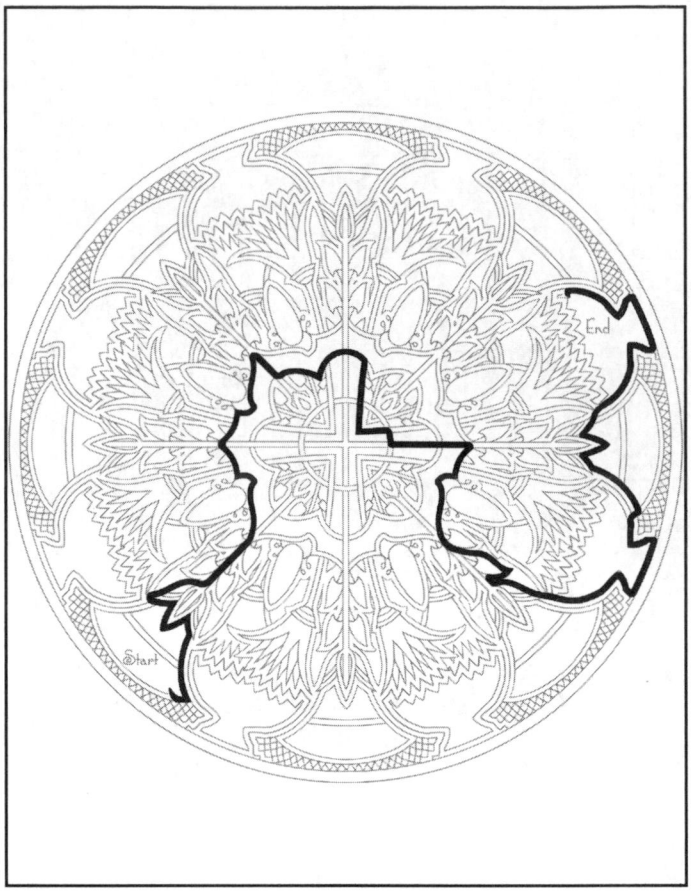

22

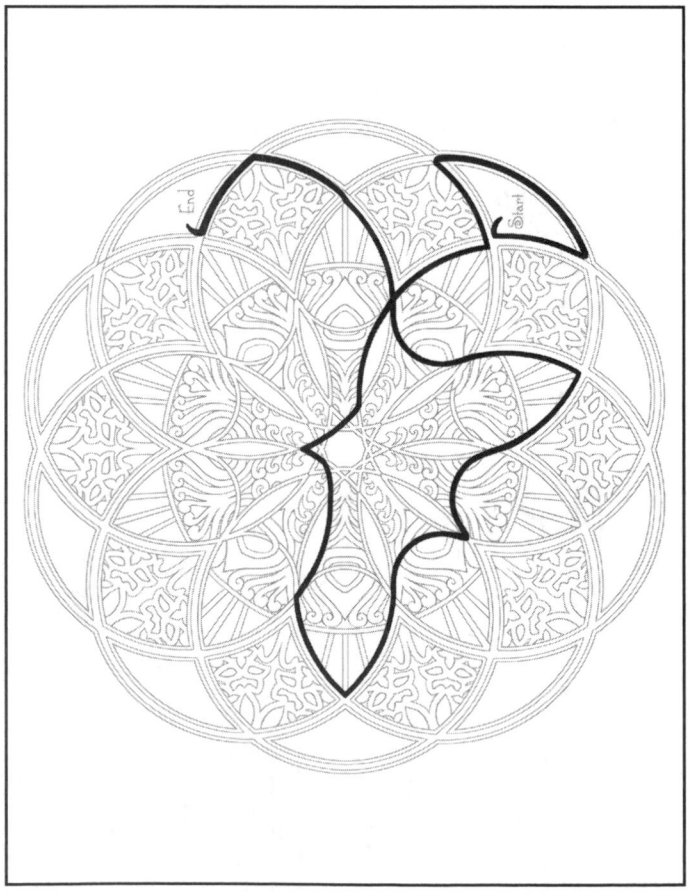

23

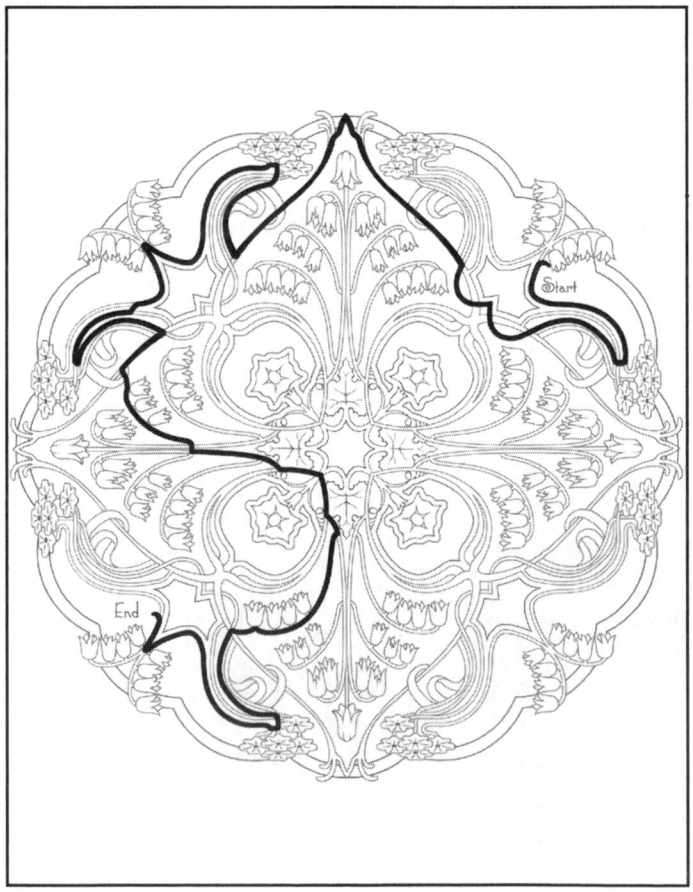

24

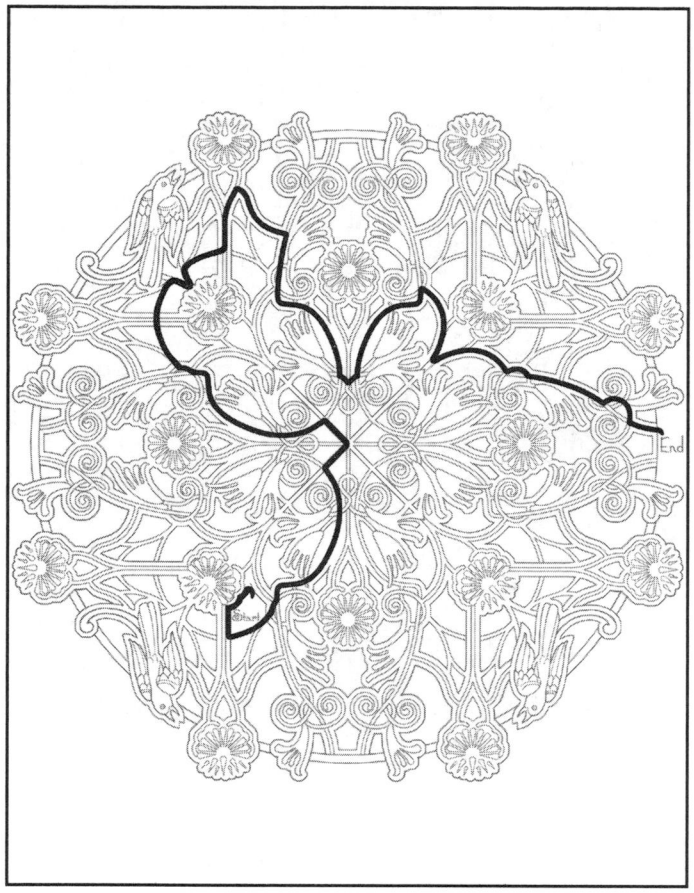

25

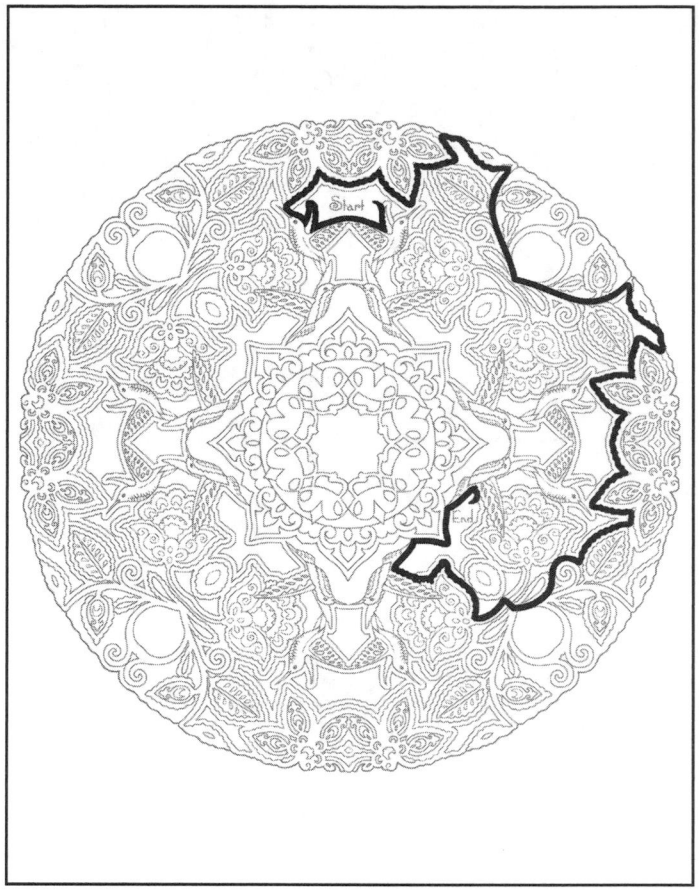

26

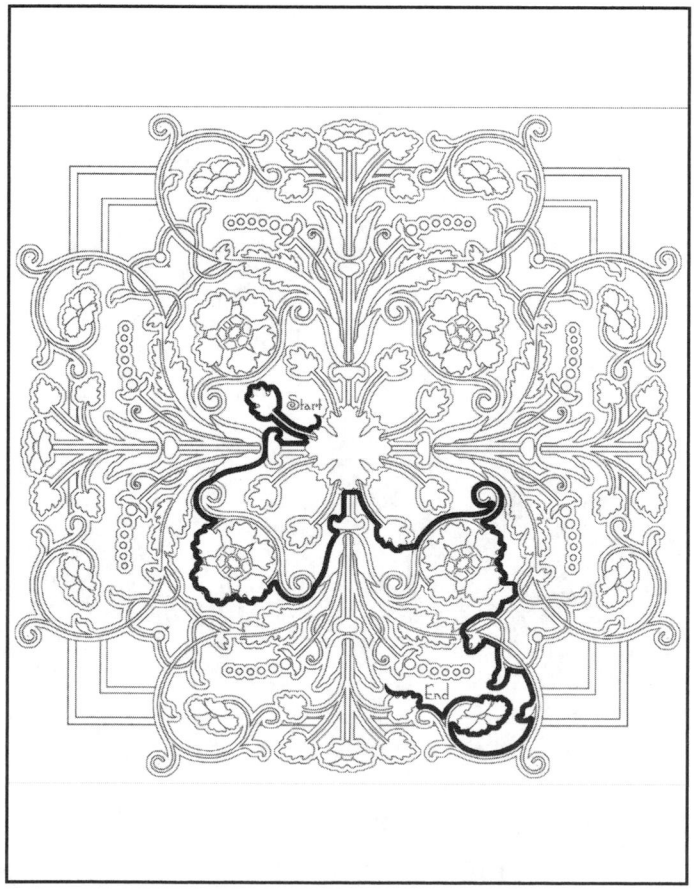

27

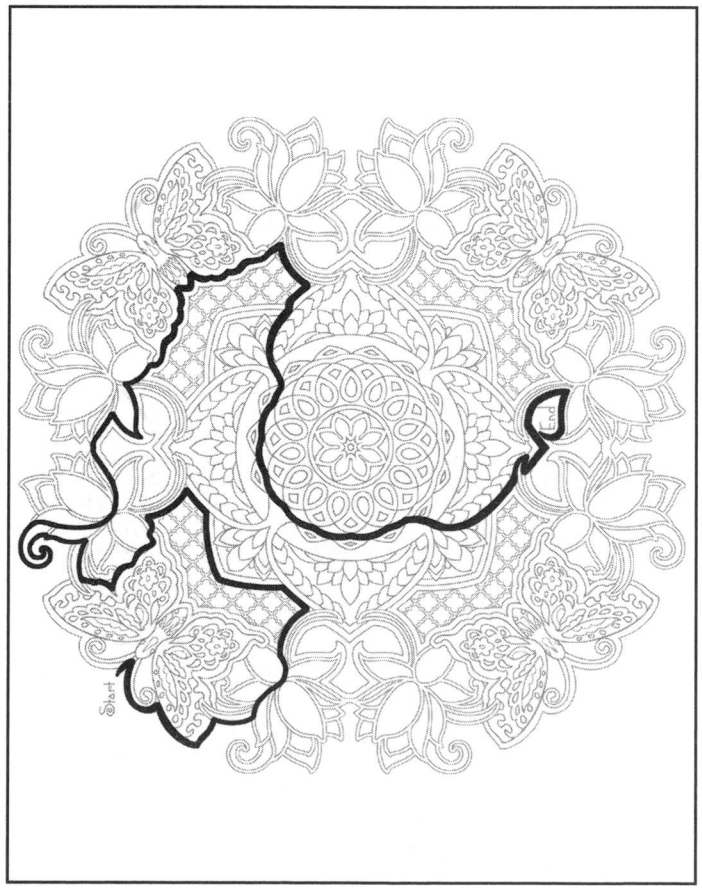

28

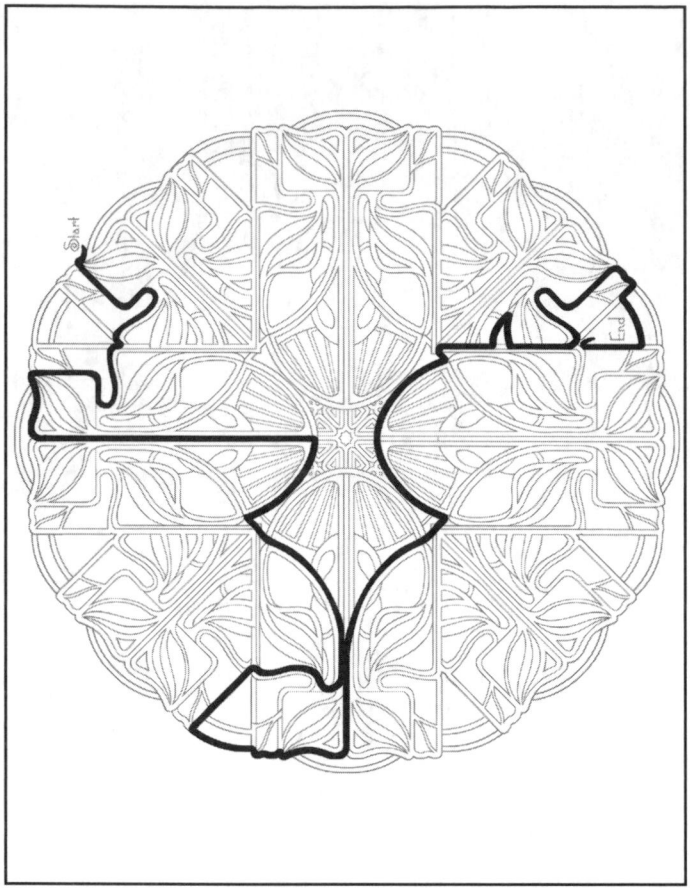

29

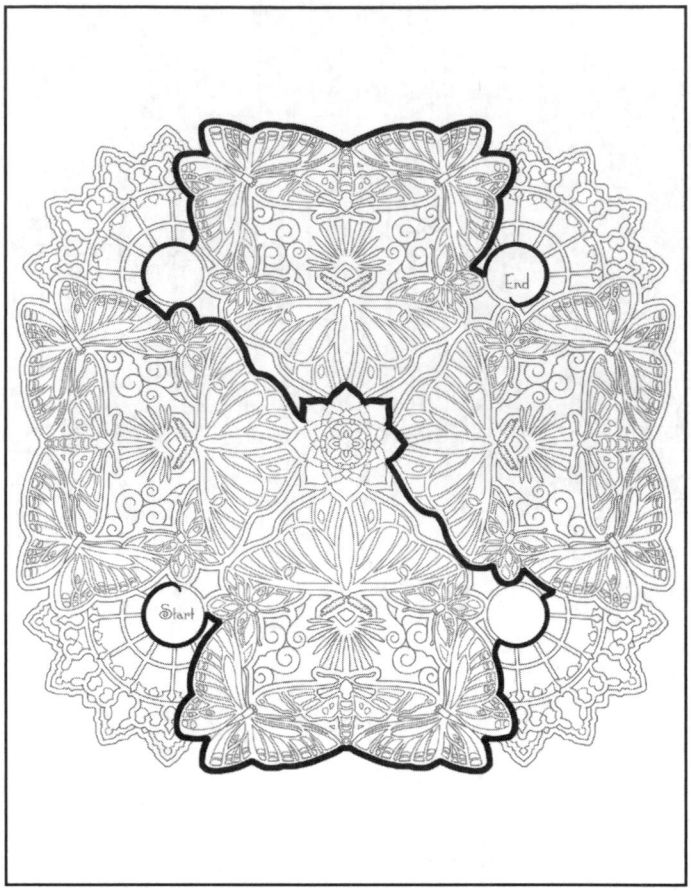

30

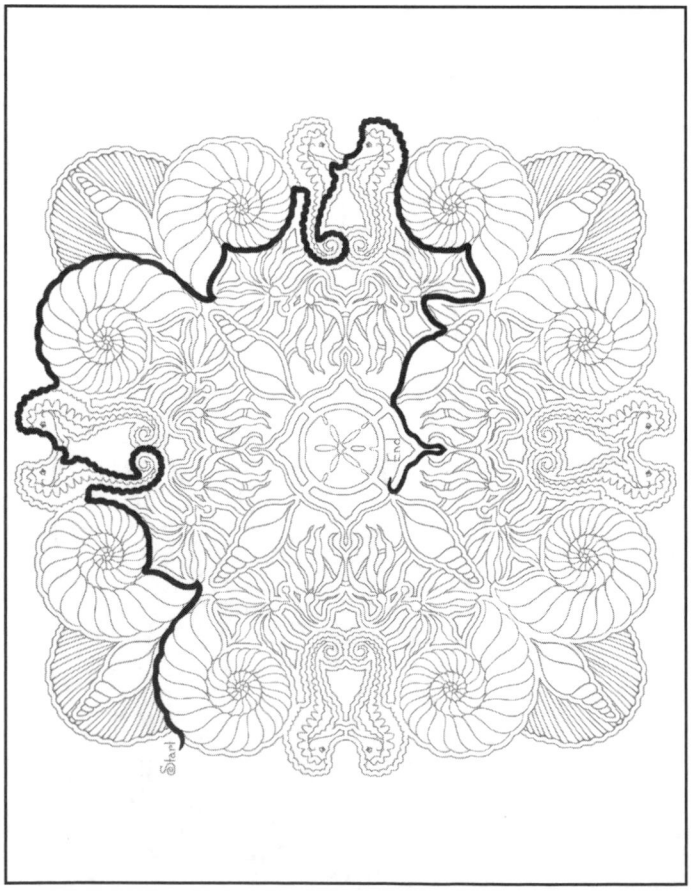

31

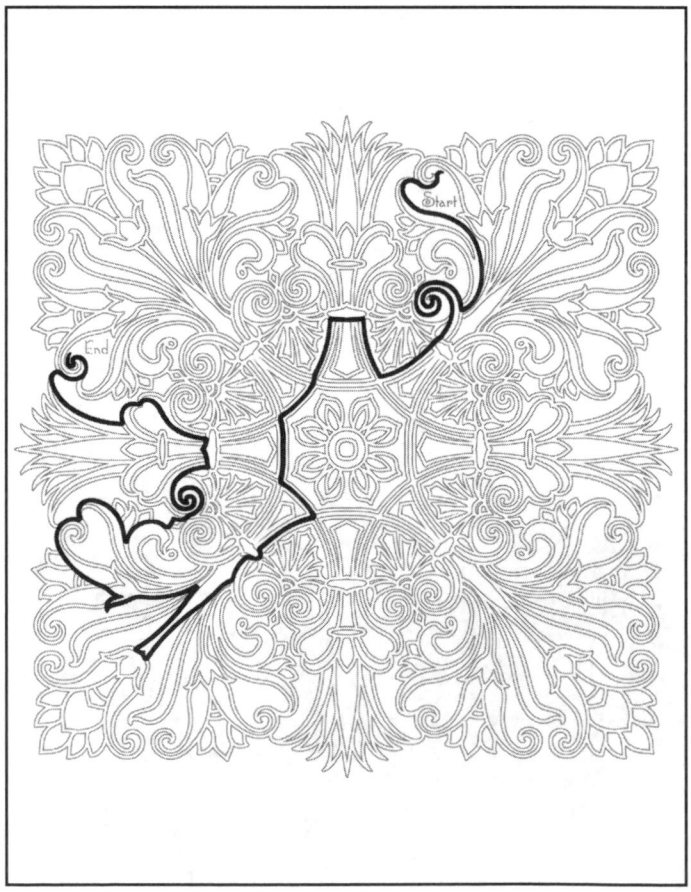

32

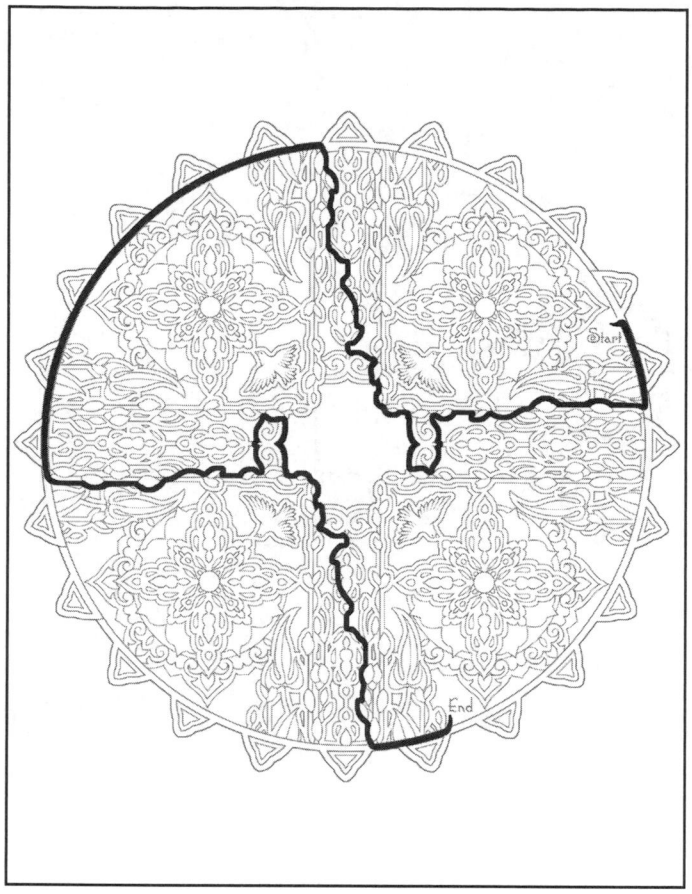

33

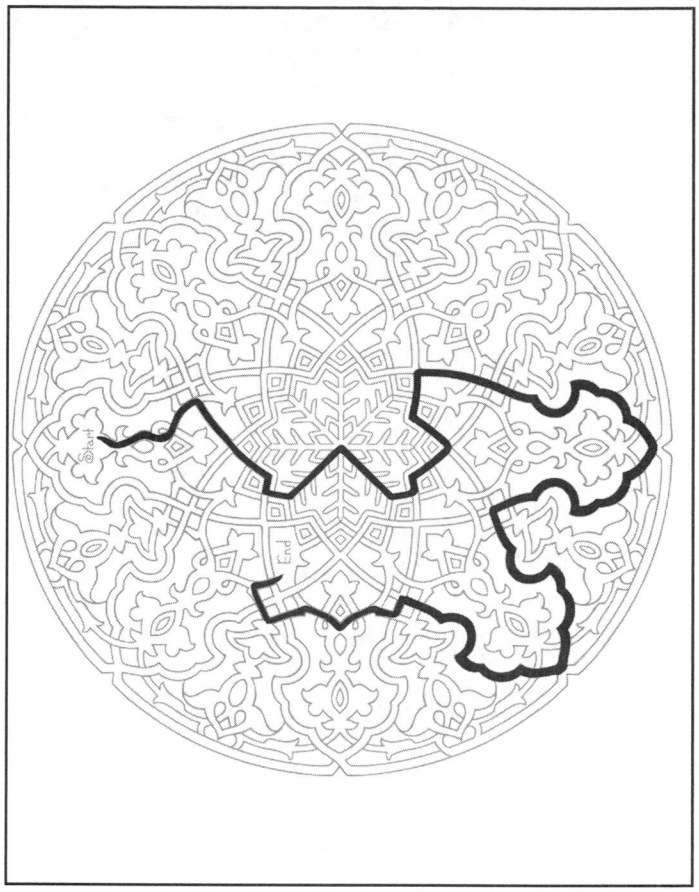

34

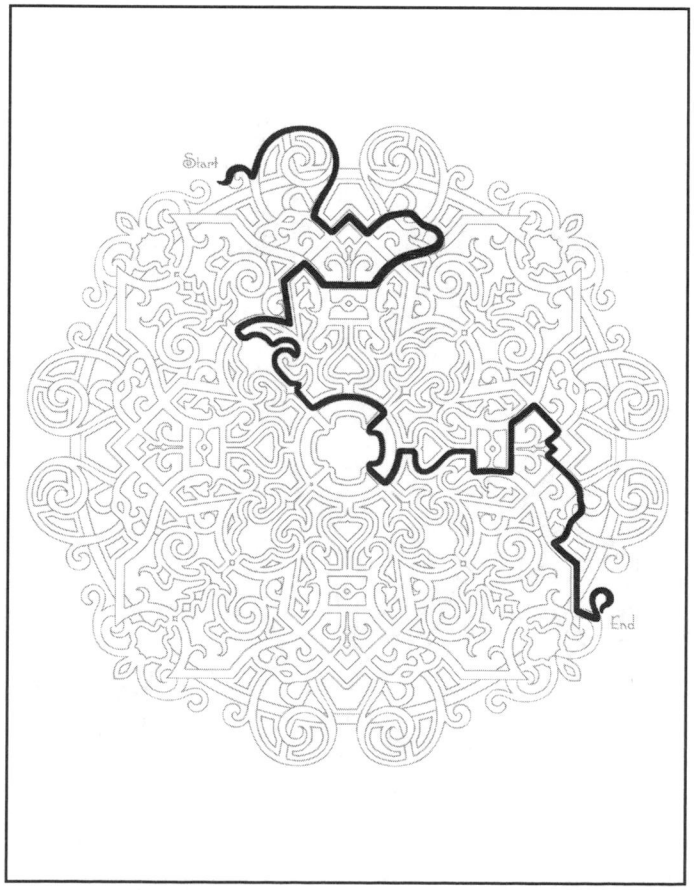

35

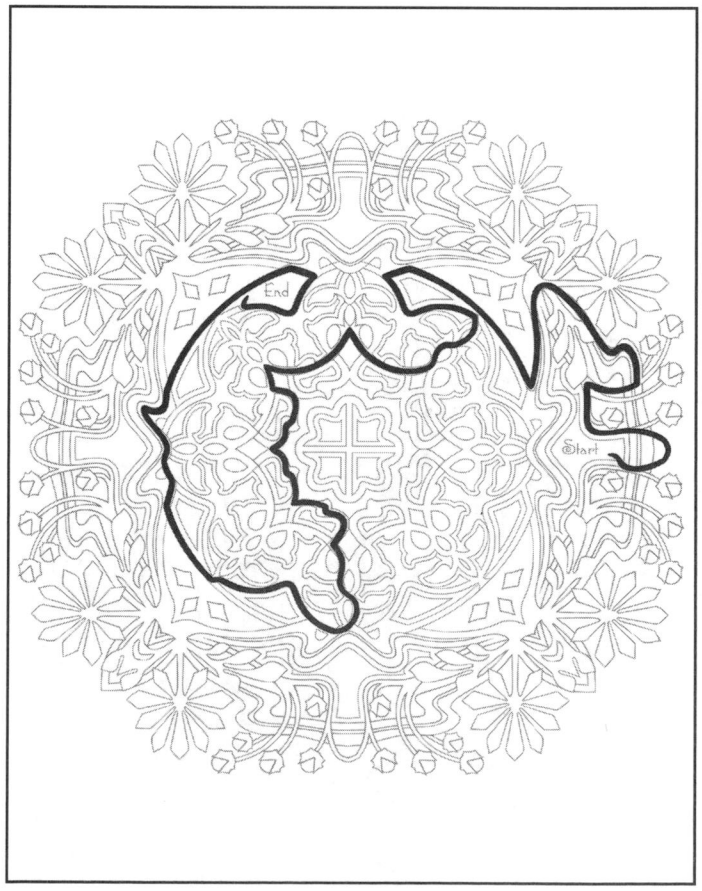

36

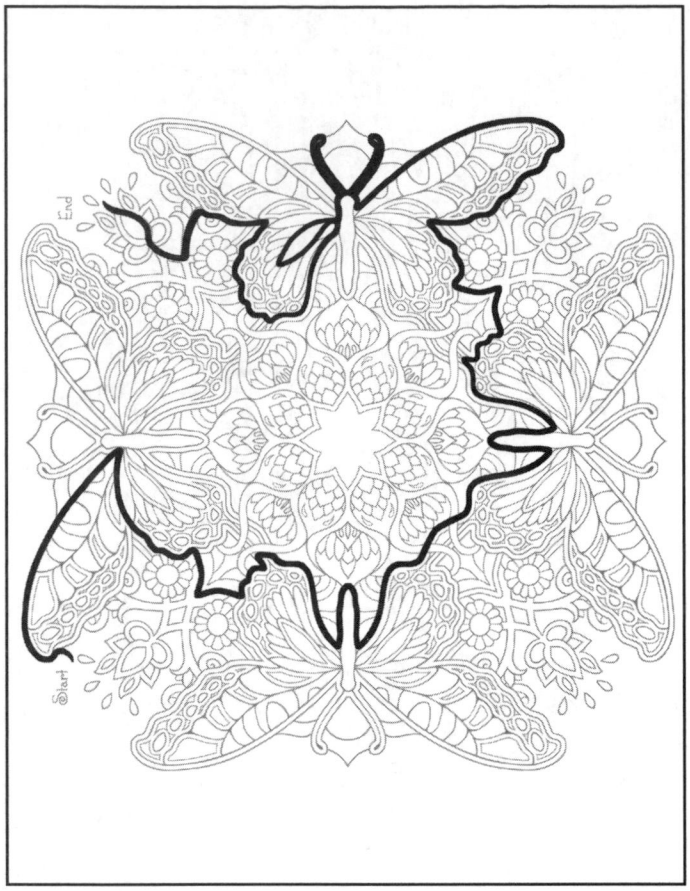

37

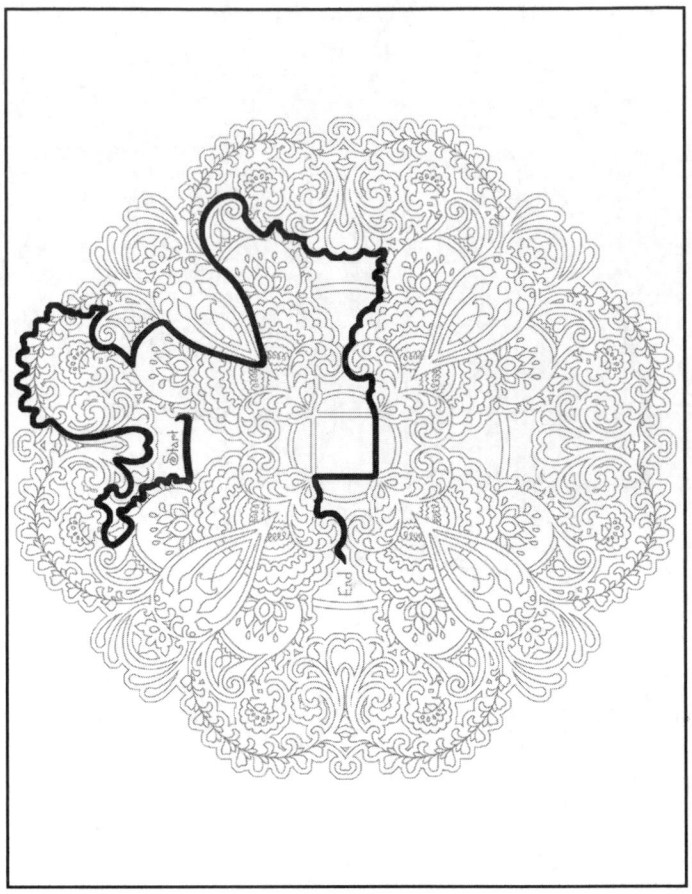

38

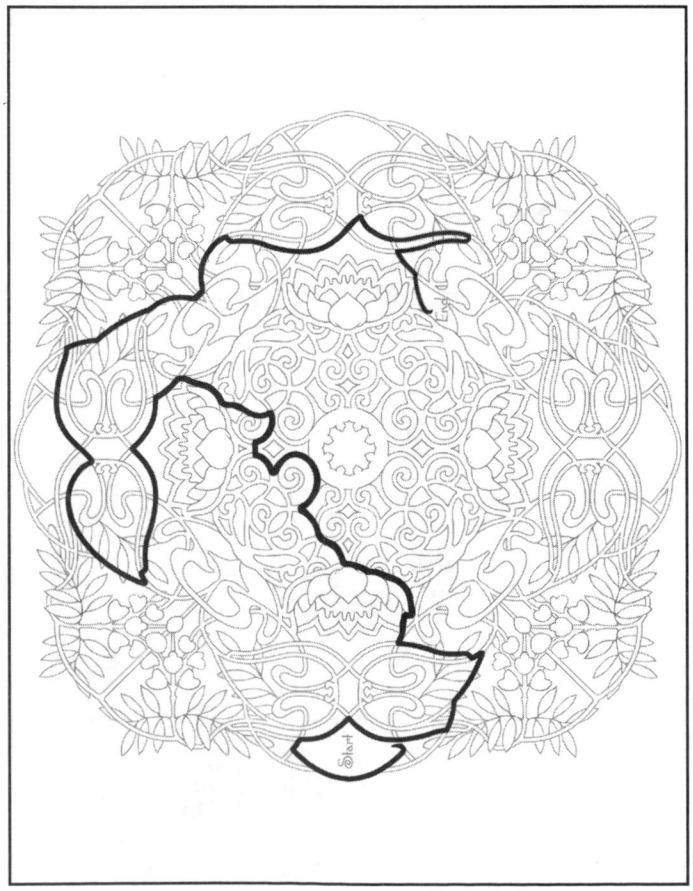

39

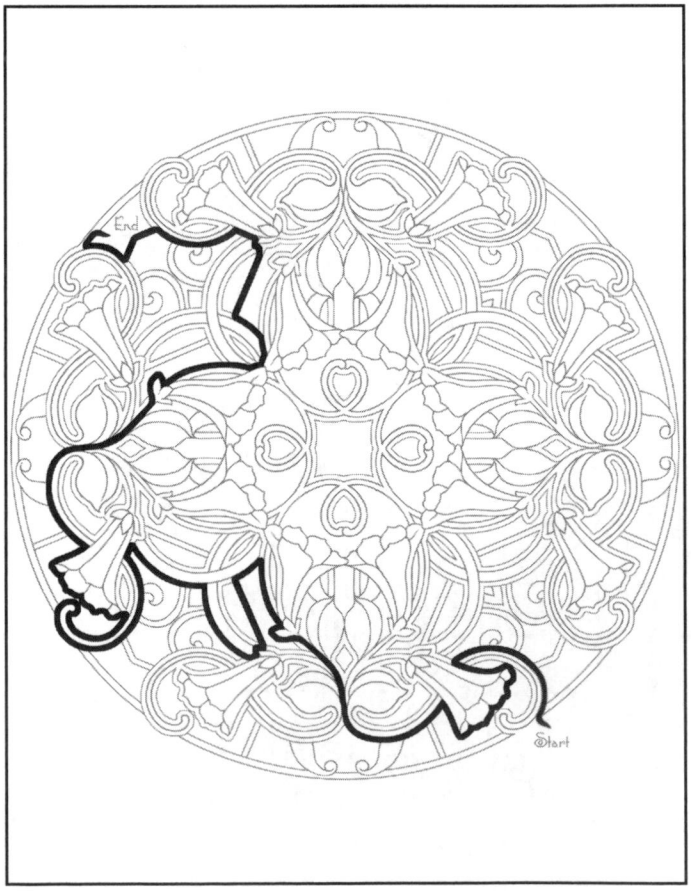

40

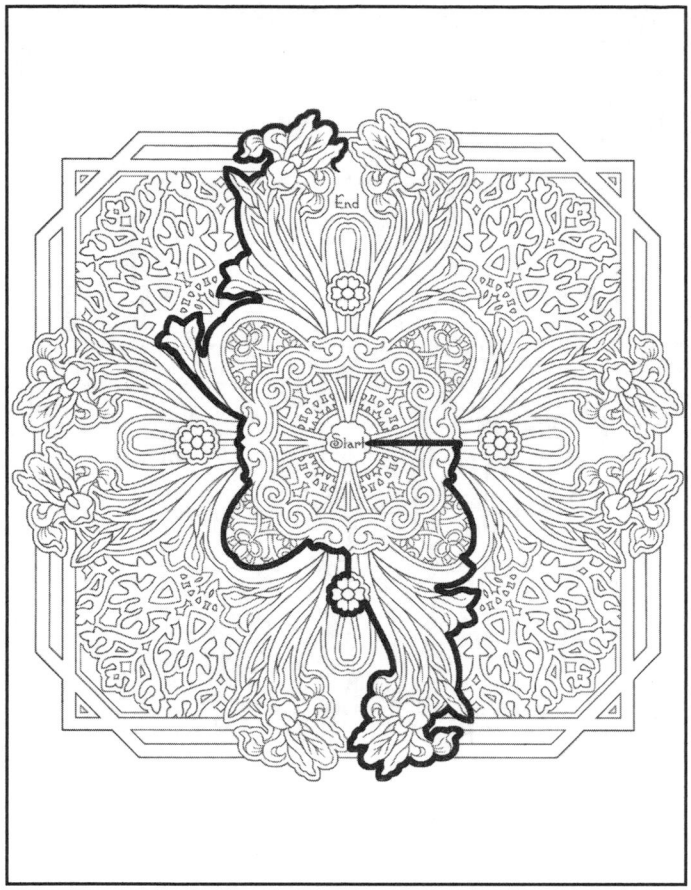

41

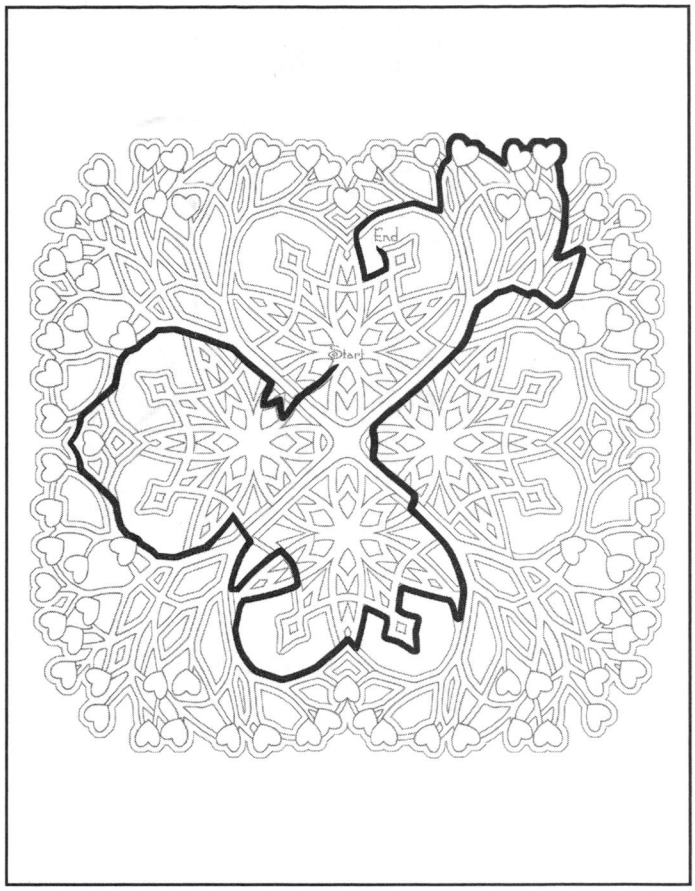

42

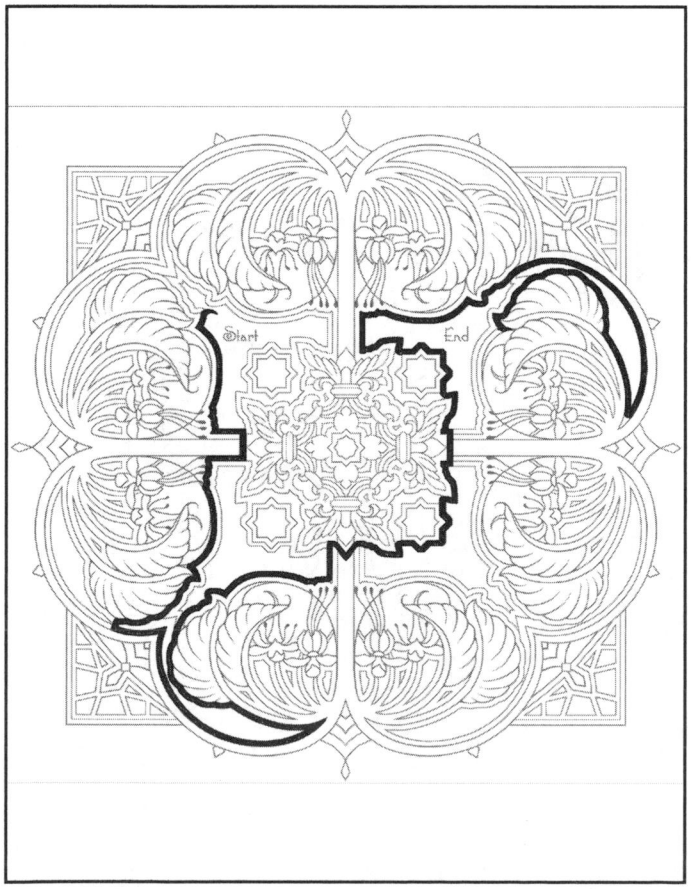

43

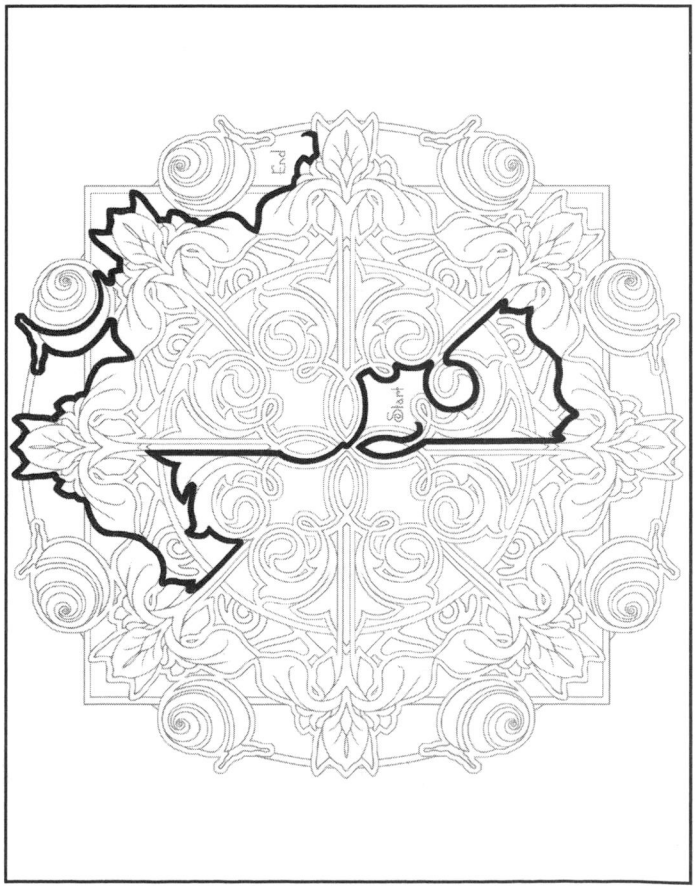

44

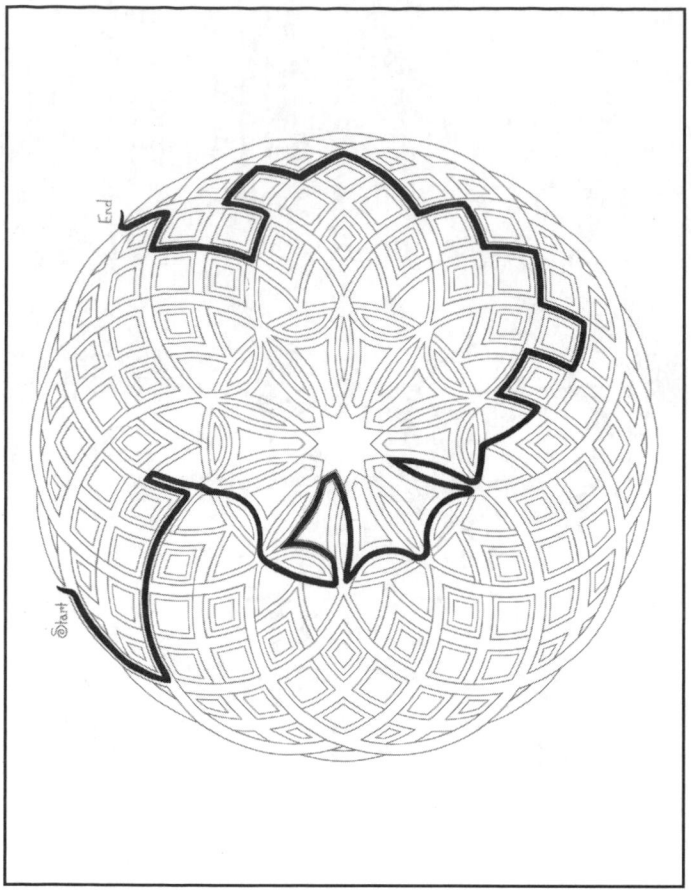

45

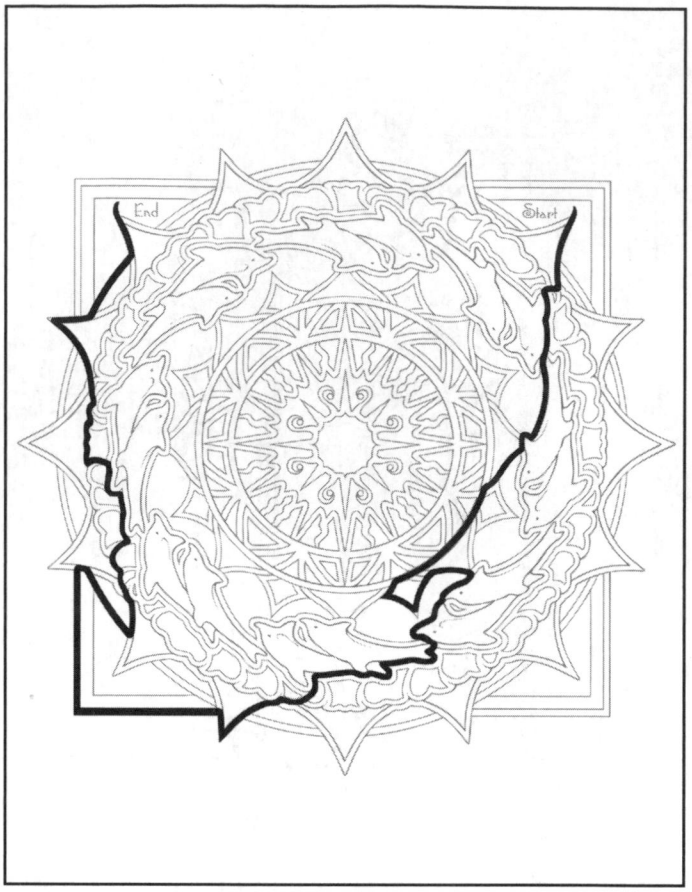

46

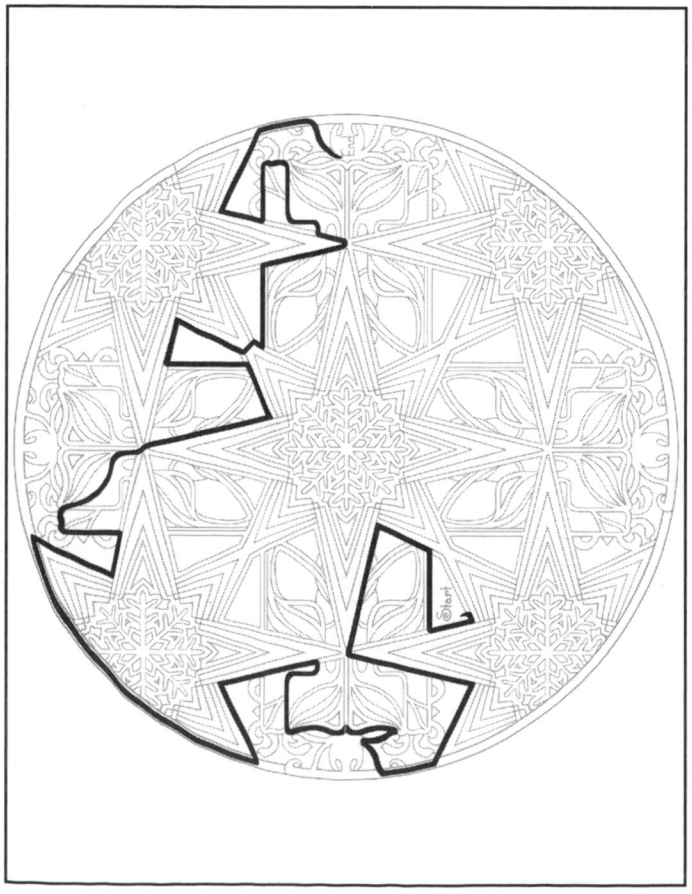

47

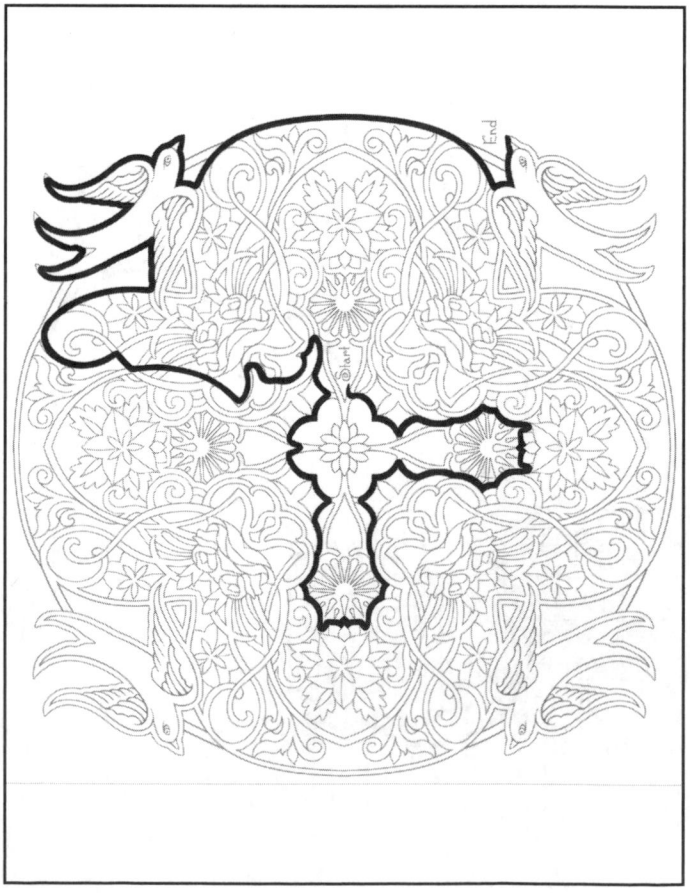

48